AF411391

Cat. Denyou. 7391.
Double à vendre.

TRAITÉ

DES FEUX

D'ARTIFICE

POUR LE SPECTACLE

ET

POUR LA GUERRE.

A BERNE,

Chez Wagner & Muller.

M D C C L.

A SON EXCELLENCE
MONSEIGNEUR
LE MARQUIS
DE
PAULMY DARGENSON
GRAND - CROIX CHANCELIER
DE L'ORDRE ROYAL ET MILI-
TAIRE

TAIRE DE ST. LOUIS, AMBASSA-
DEUR DE FRANCE PRES DES
CANTONS SUISSES , LIGUES
GRISES , ET REPUBLIQUE DE
VALAIS, DE L'ACADEMIE ROÏA-
LE DES SCIENCES ET BELLES
LETTRES DE BERLIN, ET L'UN
DES QUARANTE DE L'ACADE-
MIE FRANÇOISE.

MONSEIGNEUR.

JE donnai, il y a environ cinq ans, un Essai sur la composition des Feux d'Artifice. Les cir-constances furent alors favorables à cet ouvrage, qui dut en quelque
forte

forte fon fuccès à ceux de la Nation ; dans les occafions multipliées que nous eûmes de célébrer , par l'éclat des feux, la gloire du Roi , & l'avantage de fes armes victorieufes, le Public reçut avec plaifir la Théorie , affez peu connuë , d'un art qui lui fournifloit des Spectacles fréquens. Si le Traité , que j'ofe Vous préfenter aujourd'hui, MONSEIGNEUR , & qui contient de nouvelles recherches que j'ai faites fur cette matiére, peut avoir quelque fuccès , je ne le devrai qu'à la permiffion que VOTRE EXCELLENCE m'accorde, de le produire fous fes aufpices.

La Pyrotechnie, confidérée comme une partie de la Phifique, peut mériter à ce titre , MONSEIGNEUR , d'occuper quelques - uns de ces momens , que vous accordez aux fciences. Aucun art ne vous eft étranger , tout ce qui eft du reflort de l'efprit, Vous apartient ; l'étenduë de Vos connoiffances en

a 3

tout

tout genre eſt univerſellement re-
connuë, le concours des Nations
étrangeres avec la nôtre, leur empreſſement égal de Vous poſſéder,
Vôtre nom inſcrit parmi ce petit
nombre de noms célébres, deſtinés
à faire l'ornement de leur ſiécle & de
leur Patrie, & qui doivent paſſer
à la poſterité, Vous aſſûrent une
gloire littéraire, dont tous les
grands hommes ſont flatés; Vous
en acquerez, MONSEIGNEUR,
une encore plus précieuſe, par les
ſolides vertus de l'homme d'Etat,
par cette bonté qui Vous gagne
tous les cœurs, & qui nous peint ſi
bien celle du Monarque Auguſte
que Vous repréſentez; par la Digni-
té avec laquelle Vous ſoutenez un
Caractére auſſi reſpectable que le
Vôtre, auprès d'une Nation fa-
meuſe, qui fut toûjours chére à la
nôtre par ſa bonne foi, ſa bravou-
re, & ſon attachement pour nos
Rois, & qui vient de témoigner de la
maniére la plus authentique, qu'elle

le reçoit comme une marque précieuſe de la bienveillance de Sa Ma-
jeſté , le choix qu'Elle a fait de
VOTRE EXCELLENCE pour ſon
Ambaſſadeur.

Je ſuis avec un très - profond Reſpect,

DE VOTRE EXCELLENCE

MONSEIGNEUR,

Le très - humble & très -
obéïſſant Serviteur

PERRINET D'ORVAL.

 PRE-

PRÉFACE.

LE goût des peuples pour les Spectacles, eſt très ancien, mais le génie des Nations, leurs coûtumes, & leurs uſages, en ont ſucceſſivement changé la nature & l'eſpéce. On ſçait, quel étoit l'empreſſement des Grecs & des Romains pour les courſes d'hommes & de chevaux, pour les Naumachies, les combats de Gladiateurs & ceux d'animaux : nos mœurs ont proſcrit depuis long-tems de nos jeux le ſang & l'affroi; Nos Tournois même ont ceſſé avec l'ancienne chevalerie, & ſont tombés dans un pareil oubli.

Dans ces jours de Triomphe & de proſperités, où l'allegreſſe publique doit être ſignalée par des fêtes, nous ſommes en poſſeſſion de n'admettre que les Feux, l'Artifice, les Illuminations. Et en effet, de tous les Spectacles que l'on a juſqu'à préſent imaginés, il n'y en a point qui conviennent mieux pour une
mul-

PREFACE.

multitude, & auxquels un peuple entier puiſſe participer plus également.

De tous les Auteurs qui ont écrit en différentes langues ſur l'art de les compoſer, je ne vois que Caſimir Siemienowies qui l'ait traité convenablement, & en homme qui y étoit verſé. La plûpart de ceux qui l'ont ſuivi, n'ont donné que des compilations tronquées , & mal entenduës, de l'ouvrage de ce Polonois, qu'on doit regarder comme le maître des Artificiers. Ozanam, & pluſieurs modernes, qui , comme lui, ont voulû parler d'un art, dont ils n'avoient pas la moindre notion , n'ont imprimé que des abſurdités. L'art abandonné à des mains purement méchaniques , n'a pas laiſſé cependant de ſe perfectionner beaucoup depuis Siemienowies , par la ſeule pratique, & ſans le ſecours des Ecrivains, qui n'y ont guéres contribué. C'eſt un aveu que je ne puis m'empêcher de faire , quoique cette obſervation paroiſſe détruire en quelque ſorte l'utilité des livres didactiques , & conſéquemment du mien. Au ſurplus, la Pyrotechnie n'abonde pas en écrivains : M. Frezier , & moi , ſommes les ſeuls qui depuis cinquante ans ayions entrepris de la traiter méthodiquement ; & je n'ai que lui

a 5

pour

pour Émule en France. Il avoit donné en 1757. son premier Ouvrage, qu'il a fait réimprimer en 1747. Il parle assez avantageusement dans cette seconde édition, de quelques expériences que j'avois faites en sa présence ; je dois même être flaté, qu'il y ait inséré quelques-unes de mes découvertes : mais il m'attaque vivement du côté de la Géometrie, dans laquelle il est très versé, & dont il semble regreter, de voir mon *Essai* dépourvû. Peut-être M. Frezier n'a-t'il pas fait cette attention, qu'on peut très bien réüssir, sans Algébre, & sans beaucoup d'érudition, à faire une Fusée volante, & à en démontrer la pratique ; j'en ai du moins l'expérience pour garant, & j'espére, que le Lecteur me dispensera, de mettre de la Géometrie dans un ouvrage, où il ne doit s'attendre qu'à trouver des détails de procédés, des doses de compositions, des descriptions de machines, & de l'exactitude. La science des calculs est aplicable à une infinité de choses, mais il y en a beaucoup, où l'on peut à la rigueur s'en passer. M. Frezier a voulu écrire en savant sur une matiére, que je n'ambitionne de traiter qu'en artiste. Asservir le feu à des régles, lui préscrire des bornes, en varier les

for-

PREFACE.

formes & les couleurs , en multiplier
les effets ; tels font les objets de la Pyrotechnie, que j'ai cherché à connoître ,
& à expoler dans mon Traité ; fi mon
travail mérite par quelqu'endroit , ce
n'eft que par la vérité des préceptes, que
j'établis , & la certitude de la réuffite ,
fur laquelle le Lecteur peut compter, en
les fuivant.

La partie de mon Livre qui concer-
ne les Feux d'Artifice pour la Guerre ,
imparfaite & hazardée dans mon *Effai* ,
& que je ne donnai alors que comme
telle , fe trouve traitée avec précifion ,
par les occafions qui depuis m'ont mis
à portée d'en acquerir la pratique , &
même d'en faire ufage dans une circon-
ftance imprévue & critique , où le peril
commun rendit chaque Citoyen Soldat ,
& où le zèle & l'amour de la Patrie ,
s'efforcérent de fupléer aux talens né-
ceffaires pour fa déffenfe.

TABLE

TABLE
DES CHAPITRES
contenus dans ce Volume.

PREMIE'RE PARTIE.

Des Matiéres dont on compose la Poudre & les Feux d'Artifice , & de l'Outillage nécessaire pour les former.

SECON-

SECONDE PARTIE.

Des Fusées volantes, & autres feux qui ont leur effet dans l'air.

Chap.

TROISIE'ME PARTIE.

Des feux qui ont leur effet sur terre.

QUA-

QUATRIE'ME PARTIE.

Des feux qui ont leur effet sur l'eau.

CINQUIE'ME PARTIE.

Des Feux d'Artifice pour la Guerre.

Chap.

TRAI-

TRAITÉ
DES FEUX D'ARTIFICE
POUR LE SPECTACLE,
ET
POUR LA GUERRE.

PREMIÉRE PARTIE.

Des matiéres dont on compose la poudre, & les feux d'artifice, & de l'outillage nécessaire pour les former.

CHAPITRE PREMIER.
DU SALPETRE.

L E Salpêtre, ou Nitre, est un Sel qui s'engendre ou se forme sur la superficie de la terre. Il n'y a point de mines profondes de ce Sel, comme il y

A

en

en a de plusieurs minéraux. Si l'on fouïl-
le la terre au delà d'un pied de profondeur,
on ne trouve plus la matrice de ce Sel, ni
aucune matiére qui en soit imprégnée, à
moins que ce Sel, déja formé, n'ait été
diffous depuis par l'eau des pluyes, qui
s'étant raffemblees en marres dans quelque lieu bas, & y ayant féjourné, ne
lui ayent facilité le moyen de s'infinuer
plus avant ; ce qui n'excede pas cependant 4. à 5. pieds de profondeur ; encore
faut il fuppofer, que le fol, où ces eaux
chargées de Nitre féjournent, foit extrê-
mement poreux. Les matrices où le Nitre s'engendre, font principalement les terres calcaires, ou propres à faire la chaux,
les gips, ou plâtres déja cuits, les terres graffes ou d'argile, propres à la con-
ftruction. Mais il faut, pour que le Nitre s'y forme, qu'elles foyent fans ceffe
expofées au contact immédiat des parti-
cules qui reftent, après une longue fuite
de générations & deftructions de plantes
& d'animaux, divifées par l'action de l'air
extérieur.

On augmente dans de telles matrices
la quantité de Salpêtre, en y répandant
les cendres de plufieurs végétaux, principalement de ceux qui fourniffent beaucoup
de Sel alcali fixe après leur calcination;
comme auffi en les abreuvant des eaux
provenant de la putréfaction des plantes
& des animaux ; parce que ces liqueurs
font ordinairement onctueufes.

Ces fortes de matiéres graffes font fi
nécessaires

néceſſaires à la génération du Nitre, que jamais on n'en trouve dans les terres qui en ſont totalement dépourvuës.

Il n'y a point de lieu qui ne ſoit propre à la génération du Nitre, lorſque les principales matiéres, dont on vient de parler, s'y trouvent raſſemblées, lorſque les terres, qui les reçoivent ne ſont pas trop compactes; qu'elles préſentent ſuffiſamment de pores; & qu'elles ne ſont pas expoſées à la pluye qui puiſſe diſſoudre & entrainer ce Sel, à meſure qu'il ſe forme. Les Caves, les Celliers & autres lieux bas, expoſés cependant à un paſſage libre de l'air, en fourniſſent en grande quantité, & de très-beau. Il ne faut pas cependant que l'humidité de ces lieux ſoit trop grande, parce qu'il ne pourroit y prendre corps. L'air eſt l'agent principal qui combine enſemble les différentes parties des matiéres néceſſaires à la formation de ce Sel; ſans ſon entremiſe, on n'en pourroit avoir. Mais il ne s'enſuit pas de là, que le Nitre ſoit dans l'air; & quoique ce fluide ſoit impregné d'une infinité de matiéres étrangéres, provenant des vapeurs de la terre, il n'a jamais été prouvé par aucune expérience, qu'il contint un Nitre déja exiſtant. On a en Phiſique des expériences qui démontrent que l'air eſt quelque fois chargé d'acide ſulphureux ou vitriolique, & d'une infinité d'autres matiéres étrangéres; mais on n'en a point qui démontre l'acide nitreux. Il faut donc regarder l'air com-

A 2

me

me dévelopant les principes prochains
du Nitre, renfermé dans les matieres dont
il a été parlé, & non comme partie con-
stituante. Sans l'entremise de l'air, jamais
le suc des raisins ne fermenteroit; la fermentation de ce suc en dévelope le spiritueux inflammable; auroit-on droit d'en
conclûre, que l'air contient le spiritueux
du vin, & le dépose dans la Cuve? C'est
à une fermentation moins prompte, opé-
rée sur des terres qui fourniffent les principes du Nitre, que nous devons la formation de ce Sel : le *quomodo* est encore
ignoré, & le sera peut-être long-tems;
contentons-nous du fait.

Quelques Auteurs supposent un principe inflammable dans le Nitre, mais on
ne peut le prouver, puisque par lui-même il ne brûle point. Lors qu'il s'enflamme & fuse, c'est à l'occasion de la matiére à laquelle il touche, qui contient le
principe d'inflammabilité, comme lors
qu'il est mis sur une planche ou sur des
charbons, l'air subtil qu'il contient, se
dévelopant par l'action du feu, exhalte-
ra les parties sulphureuses que ces matiéres contiennent, dont il pénétrera les
pores, elles se changeront en flammes,
& emporteront avec elles les parties du
Salpêtre que leur action aura divisées. Si
au contraire il est mis sur quelque chose
d'incombustible & dénué de ce Soufre,
comme sur une pelle, ou sur une tuile
rougie au feu, il fusera simplement sans
s'enflammer, & se réduira en eau ; il
prendra

prendra corps en se refroidissant , & formera un Sel plus dur & plus solide qu'il
n'étoit auparavant , & qui sera également
propre aux mêmes usages , étant ce qu'on
appelle Salpêtre en Roche.   Il se rafine
même par cette fusion ; & on en prépare en quelques endroits pour faire la poudre de Chasse , en le faisant fondre au
feu , & sans eau.

Le Nitre , ou Natron des Anciens ,
est un Sel alcali fixe , d'une nature différente des Sels alcalis provenant des cendres des Végétaux ; il cristalise , & contient la base du Sel marin , puisque l'acide du Vitriol , versé dessus , en fait un
Sel de Glauber ; mais il n'est point ici
question de cette espéce de Nitre.

Il y a différents moyens pour connoître si la terre est beaucoup chargée de
Salpêtre. Premiérement , d'en mettre sur
la langue , on sentira le picotement & le
goût de ce Sel , si elle en contient abon-
damment.   Un autre est d'en jetter dans
le feu ; si elle petille , & qu'elle jette de
petites étincelles , claires & luisantes , c'est
la même marque.   Un troisiéme est , de
faire un trou dans la terre , & d'y jetter
un morçeau de fer rouge , que l'on couvre de terre , jusqu'à-ce qu'il soit refroi-
di , après quoi on le retire ; & s'il se
trouve teint de couleur citrine un peu blan-
châtre , c'est encore une preuve que l'on
en tirera beaucoup.

On tire le Salpêtre des terres , & des
matiéres qui en contiennent , par le moyen
A 3   d'une

d'une leſſive ; mais auparavant il y a une préparation à faire aux matiéres.

Si ce ſont des Platras & démolitions, il faut les broyer & paſſer à la claye ; ſi ce ſont des terres, il faut les remuer pluſieurs fois, & les rendre bien meubles. Plus une terre eſt remuée, plus le Nitre s'y engendre aiſément. On les tient dans un endroit couvert, crainte que la pluye n'en entraine les Sels, & ouvert au Nord & au Midi, pour donner lieu à l'air de circuler & d'y en former de nouveaux.

Pour faire cette leſſive, arrangez quatre muids défoncés par un bout, ſur des chantiers, à la hauteur de pouvoir mettre un bacquet deſſous, de grandeur convenable, pour recevoir l'eau qui s'égoutera par un trou fait dans le fond, de ſix à huit lignes de diametre. Et pour que la terre ne paſſe pas par ce trou, mettez au devant, & en dedans des muids, de la Javelle de ſarment & de la paille ; mettez-y enſuite des cendres de bois neuf trois à quatre pouces de haut ; puis rempliſſez vos muids de terre, en laiſſant ſeulement un peu de place pour vuider l'eau.

Les cendres ſervent à dégraiſſer les terres d'une matiére bitumineuſe qu'elles contiennent ; mais il ne faut pas en trop mettre ; une plus grande quantité mangeroit le Salpêtre, qui ſe trouveroit abſorbé par le Sel fixe alcali des cendres.

Vos muids étant ainſi remplis de terre, faites paſſer ſur le premier quinze ſceaux d'eau, d'environ dix pintes chacun, qui étant

étant filtrés dans le récipient , se réduisent à douze.   Versez cette eau , à mesure qu'elle tombe sur le second muid , qui ne produit que neuf sçeaux ; jettez - les pareillement sur le troisiéme , qui n'en rend que six; & du troisiéme sur le quatriéme, qui n'en rend que trois.   Versez - les dans une chaudiére , & les faites bouïllir à un feu réglé, ayant soin d'en bien ôter l'écume ; & lorsque cette eau commence à s'épaissir,& qu'en en laissant tomber une goute sur une assiette elle se congelle comme une goute de suif ; c'est une marque que le Salpêtre est formé.   Retirez alors la chaudiére du feu , & laissez reposer l'eau , jusqu'à - ce qu'elle devienne tiéde , afin que les impuretés puissent tomber au fond.   Versez - la ensuite doucement dans des bassins de cuivre , ou de bois (larges & peu profonds) à - peu - près à la hauteur de quatre pouces , prenant garde que le Sel commun , qui s'est formé en grains au fond de la chaudiére , & les saletés ne tombent avec l'eau. Si vous voulez conserver ce Sel , & qu'il soit bien propre , il faut le tirer avec une écumoire , avant que les saletés soyent tombées au fond , & le laisser égouter sur la chaudiére dans un panier.   Il est aussi bon pour saler les viandes , que le Sel marin.

Mettez ces bassins dans un endroit frais , & les couvrez d'un plateau de bois , garni d'un morceau d'étoffe entre , pour empêcher l'action de l'air.   Vous trouverez au bout de quatre à cinq jours le

Sal-

Salpêtre formé en criftaux, faites-les égouter dans un vaiffeau de bois, & jettez fur les terres l'eau qui en fort, que l'on appelle eau-mere. Otez le Salpêtre des baffins, & le ferrez dans un endroit fec, jufqu'à-ce que vous vouliez le purifier; On le nomme Salpêtre brut, ou de la premiére cuitte.

On purifie le Salpêtre, pour le dépouiller autant qu'il eft poffible de fon Sel fixe, & de la partie graffe & bitumineufe qu'il contient, qui fe forme en écume, lors qu'il bout dans la chaudiére. Il y a différentes maniéres de le purifier; je vais en rapporrer deux, qui font les plus ufitées.

La premiére confifte à le faire diffoudre dans une quantité d'eau fuffifante, & à filtrer cette eau à travers du Sablon bien fin & bien lavé; mettez ce Sablon dans un vaiffeau percé dans le fond, environ au quart de fa hauteur, ayant auparavant placé une toile au devant du trou pour l'empêcher de paffer, couvrez-le auffi d'une autre toile, & verfez l'eau deffus, qui fe filtrera à travers; faites-la enfuite bouillir dans une chaudiére, & l'écumez bien; laiffez-la tarrir, jufqu'à-ce que venant à s'épaiffir un peu, il paroiffe une pelliculle deffus, qui eft une marque qu'il ne refte pas plus d'humidité qu'il en faut pour tenir le Salpêtre diffous; verfez-la enfuite dans des baffins, pour la faire criftallifer, comme il a été dit. Cette purification doit être faite encore une fois, la premiére donnera du

Sel

Sel commun que vous trouverez au fond de la chaudiére; mais la seconde n'en doit point donner, si la premiére a été bonne.

La seconde maniére de purifier le Salpêtre brut, est, de le faire fondre dans une chaudiére avec autant d'eau qu'il est nécessaire, pour le tenir bien dissous; lors qu'elle commence à bien bouïllir, jettez dedans des blancs d'œufs à raison d'un demi septier sur soixante dix Livres de Salpêtre; ajoutez-y à différentes fois de l'eau pour faire surmonter la graisse & l'ordure qui s'attacheront aux blancs d'œufs, ayant soin d'écumer jusqu'à-ce qu'il ne paroisse aucune impureté sur la superficie; ensuite & sans attendre qu'il soit tarri davantage, vuidez-le dans des bassins, où vous le trouverez congelé au bout de cinq à six jours; les ayant fait égouter, mettez l'eau qui en provient, dans une chaudiére, pour en tirer le Sel commun, faites-la bouïllir, jusqu'à-ce qu'il se produise au fond; & l'en ayant tiré, jettez l'eau sur les terres. Le Salpêtre de cette premiére purification, s'appelle Salpêtre de deux eaux, ou de la deuxiéme cuitte.

La seconde purification qui produit le Salpêtre en glace, ou de la troisiéme cuitte, qui est celui dont on se sert pour la composition de la poudre, & des feux d'artifice, se fait de la même maniére; excepté qu'il est inutile de faire bouïllir les eaux qui proviennent de l'égouture des bassins pour en tirer le Sel commun,

on

on n'en trouveroit que fort peu , ou point ;
on les jette fur les terres avec les écumes ,
cela les amande , les bonifie.

Il y a encore deux autres efpéces de
Salpêtre , que la nature nous donne tout
formé , & qu'il ne s'agit que de purifier ,
qui font , le Salpêtre de houffage , que l'on
trouve attaché aux murailles des caves ,
celliers & autres lieux frais ; & celui que l'on
nous apporte des Indes , que l'on amaf-
fe fur la fuperficie des terres ftériles &
défertes proche de Pégu.

La bonne qualité du Salpêtre , comme il a déja été dit , confifte à être bien
dépouïllé de la partie graffe & bitumineufe , de la terreftre , du Sel commun
ou marin , (qui ne fe perd jamais , & fe
trouve dans les terres) & de la partie la
plus groffiére du Sel fixe , foit minéral ,
ou vegétal que les matiéres contiennent.
Pour en juger , il faut prendre un grain
de Salpêtre , le pofer fur un morçeau de
planche de chêne , ou autre bois non ré-
fineux , & y mettre le feu avec un charbon ; s'il pétille en brûlant , c'eft une marque qu'il contient du Sel marin ; fi l'on
voit un bouillon épais qui empêche la
flamme de s'élever , il eft encore gras ; &
lors qu'après qu'il eft confumé , il laiffe
une forte de craffe tirant fur le noir, c'eft
qu'il eft chargé de matiéres terreftres ;
mais s'il jette une flamme blanche qui s'é-
léve avec ardeur , & s'il fe confume entiérement , enforte qu'il ne refte qu'un peu de
blanc , qui eft du Sel fixe ; on peut s'affûrer qu'il eft bien purifié.   CHA-

CHAPITRE II.
Du Soufre.

LE Soufre eſt un minéral inflammable qui ſe trouve en pluſieurs endroits, & particuliérement en Sicile & en Italie près des monts Ethna & Véſuve, qui ne brûlent qu'à cauſe des mines de Soufre qui ſont allumées dans leurs cavités ; c'eſt un corps huileux très - inflammable qui renferme un acide le plus fort de tous, & ſemblable à l'acide qui eſt dans le Vitriol.

Pour le purifier de ſa terre groſſiére, on le fait bouïllir dans de l'eau, la chaleur ſépare le Soufre qui ſurnage, & la terre reſte au fond ; on le fait refondre une ſeconde fois ſur le feu & ſans eau, on ôte avec ſoin toute l'écume & autres impuretés, & on le jette dans des moules qui le forment en bâtons, que l'on appelle Magdalons ; c'eſt en cet état qu'il nous eſt apporté, & qu'il s'employe pour la poudre & l'artifice. Il y en a de trois eſpéces, ſavoir, les gros Magdalons jaunes, les petits qui ſont verdâtres, & les gris ; le meilleur eſt le jaune, & le gris ne vaut abſolument rien.

On trouve en Suiſſe, dans le Canton de Berne, près la Saline de Roche, un très- beau Soufre transparent & de couleur

leur citrine , qui eſt aſſez pur , pour être employé ſans aucune préparation , tel qu'on le trouve dans les cavités d'un fort grand Rocher , & ſur les bords d'un Ruiſſeau qui en ſort , dont les eaux en détachent & entrainent d'aſſez gros morçeaux ; il contient quelques parties de Sel commun , qui le font un peu petiller en brûlant.

Pour connoître ſi le Soufre eſt bon , il faut en mettre entre deux terrines verniſſées ſur le feu.   S'il ſe ſublime , & s'attache à celle d'enhaut , il eſt de bonne qualité ;   autrement, il ne faut pas s'en ſervir.   Lors qu'un paquet de Soutre réduit en poudre , crie , & fait un certain bruit, pour peu qu'on y touche , il eſt encore bon.

Plus le Soufre eſt pur , moins il rend de mauvaiſe odeur , & plus il prend feu ſubitement.   Il y a deux moyens pour y donner un degré de purification , de plus qu'il n'a comme on l'employe communément.

Le premier eſt de le faire fondre à petit feu , le bien écumer & le paſſer à travers un linge ;   toute la craſſe qui peut y étre , & l'huile y reſtent attachés ; l'autre, & qui eſt le meilleur , eſt de tirer la fleur du Soufre par ſublimation : Voici comme Mr. Lemery l'enſeigne.

„ Mettez environ une demi livre de
„ Soufre groſſiérement pulveriſé dans une
„ Cucurbite , placez-la ſur un peu de feu
„ à nud , & mettez deſſus un pot ou une
„ autre Cucurbite renverſée , qui ne ſoit
„ point

,, point vernie , enforte que le Col de l'u-
,, ne entre dans celui de l'autre ; levez de
,, demi-heure en demi-heure la Cucurbite
,, fupérieure , & en adaptez une autre en
,, fa place ; ajoutez-y de nouveau Soufre ,
,, ramaffez vos fleurs que vous trouverez
,, attachées dans la Cucurbite , & conti-
,, nuez ainfi , jufqu'à ce que vous en ayez
,, fuffifamment ; ôtez alors le feu , & laif-
,, fez refroidir les Vaiffeaux , il ne fera re-
,, fté au fond qu'un peu de terre légére
,, & inutile. ,,

L'Artifice compofé avec la fleur de
Soufre eft plus vif , & répand moins d'o-
deur & de fumée , mais comme elle eft
fort chére , on en fait peu d'ufage.

CHAPITRE III.
Du Charbon.

IL y a beaucoup de choix à faire fur le
Charbon , qui n'eft pas également propre à entrer dans la compofition de la
poudre & de l'artifice. Celui que l'on employe dans prefque tous les moulins à poudre , & qui eft généralement reconnû pour
le meilleur , eft fait de bois de Bourdaine ,
que l'on appelle auffi Pevine , ou Nerprun.
On fe fert à fon défaut du Saule , de la Coudre , du Tilleul , du Tremble , & autres
bois tendres & légers ; le Saule eft parfai-
tement

tement bon pour l'artifice. Il faut le couper dans le mois de May, qui eſt le tems où il s'écorce le mieux, & préférer le branchage, qui eſt plus ſain, & plus tendre, au gros bois. Lorſqu'il eſt dépouïllé de ſon écorce, on le met ſécher au ſoleil, & on le ſerre enſuite dans un endroit ſec.

La maniére la plus ſimple pour le réduire en Charbon, eſt, de le couper en morçeaux de quinze à vingt pouces de long, & de le brûler dans la cheminée, dont on a ôté les cendres, & bien nétoyé le foyer. A meſure que le bois ſe met en braiſe bien rouge, ayez ſoin de la tirer & de l'étouffer dans quelque vaiſſeau de fer, ou de cuivre, bien bouché. Continuez ainſi juſqu'à-ce que le tout ſoit réduit en braiſe ; vous aurez par ce moyen un Charbon bien cuit, & de bonne qualité.

Lorſque vous en voulez faire une grande quantité, faites un trou dans la terre, de la grandeur qui convient pour contenir le bois que vous voulez brûler ; L'ayant arrangé dedans, de maniére que l'air y puiſſe circuler, mettez-y le feu. Et dés qu'il vous paroit réduit en braiſe, couvrez-le, & l'étouffez avec la terre qui a été tirée du trou ; puis lorſque vous jugerez que le feu eſt entierement éteint, découvrez le Charbon, & le retirez auſſi-tôt, crainte qu'il ne prenne l'humidité ; ôtez celui qui n'a pas été entierement brûlé ; mettez la bonne braiſe dans un gros tamis ou panier d'oſier fait exprès ; agitez-la dedans pour en ôter les cendres fi-
nes

nes qui la couvrent , & le gravier qui peut y être ; elle en fort fort noire & bien nette ; renfermez-la après dans quelque endroit où l'humidité & la pouſſiére ne puiſſent pénétrer.

La braiſe de Boulanger , lors qu'elle eſt faite de bois neuf & léger , eſt fort bonne ; le Charbon de bois flotté eſt moins bon que d'autre ; & celui qui eſt éteint avec de l'eau , ne vaut abſolument rien , il conſerve toûjours une certaine humidité très-nuiſible pour l'Artifice.

CHAPITRE IV.

DE LA POUDRE.

LA compoſition de la Poudre n'a pas toûjours été la même. On mettoit autrefois les deux tiers de Salpêtre , & l'autre tiers étoit partagée également entre le Soufre & le Charbon ; on a diminué peu-à-peu la doſe de ces deux derniéres matiéres , & on eſt venu à les réduire au quart , qui ſe partage également ; en ſorte que ſur douze livres de Salpêtre on employe deux livres de Soufre , & deux livres de Charbon : Ce qui fait en tout ſeize livres , qui eſt la quantité que contient ordinairement chaque Mortier dans les Moulins à Poudre. Cette compoſition pofition fert également pour le Canon, & le Moufquet ; & communément pour la Poudre de chaffe, dont le plus de force qu'elle a, vient de la purification des matiéres, & de la fabrication, qui n'eft pas tout-à-fait la même.

Les matiéres étant préparées, on en remplit les Mortiers du Moulin deftiné à cet ufage, qui font creufés dans une piéce de bois, où elles font battuës pendant vingt quatre heures par des Pilons de bois, armés de Cuivre, qu'une roüe que l'eau fait tourner, met en mouvement. On humecte la compofition avec de l'eau, premiérement en la mettant dans les Mortiers, & enfuite de quatre heures en quatre heures pendant les douze premiéres heures, après quoi c'eft de deux heures en deux heures. Il faut être très-exact à rafraichir la matiére qui s'échauffe par le grand mouvement du Pilon. Elle eft fi chaude, lorfque l'heure s'approche, qu'on ne peut la fouffrir dans la main, & qu'elle prendroit feu, fi l'on tardoit trop à l'humecter ; on la mouille encore pour lier & unir davantage les parties, & pour empêcher les plus fubtiles de fe diffiper.

On prétend que le tems confidérable qu'on employe à piler la Poudre, n'eft pas feulement pour écrafer & mélanger les matiéres, mais auffi pour y renfermer de l'air, dont le plus ou le moins qu'il s'y trouve comprimé par la pefanteur du Pilon, en rend, par fa dilatation, l'effet plus ou moins violent.

D'au-

D'autres penſent que l'air eſt ce qui contribuë le moins à l'Exploſion ; c'eſt le ſentiment de Mr. l'Abbé Nollet , & je crois pouvoir, ſans m'écarter de mon ſujet, rapporter ce qu'il dit là deſſus , qui m'a paru très convainquant ; Voici comme il s'exprime.

„ Quelques Auteurs ont déja dit,
„ que la force prodigieuſe , que l'on eſt
„ toûjours ſurpris de voir dans la Pou-
„ dre à Canon , ne vient point tant de
„ l'air qu'elle contient , ou qui ſe trouve
„ logé entre les grains , que de la gran-
„ de dilatabilité de ſa propre matiére ,
„ & ce ſentiment me paroît très-plauſible.
„ Car en effet , quand le feu embraſe une
„ charge de Poudre , qu'y fait - il autre
„ choſe , quel changement y apporte-t'-il,
„ ſi-non de convertir en vapeurs du Soufre
„ & du Salpêtre qui ſont en conſiſtance de
„ ſolide ? Mais ces vapeurs ne ſont pas ſi-
„ tôt formées , que le même feu qui les a
„ fait naître , continuant ſon action , les
„ dilate autant qu'elles ſont dilatables , ou
„ autant que le peut permettre l'obſtacle
„ qui les retient par la durée de ſa réſi-
„ ſtance : C'eſt donc en général au fluide
„ embraſé qui ſe dilate , que ces prodi-
„ gieux efforts doivent être attribués ; mais
„ l'air ne fait qu'une partie de ce fluide,
„ & ce n'eſt ni la plus grande, ni la plus
„ dilatable ; Il eſt donc vraiſemblable, que
„ le plus grand effort ne vient pas de lui. „
La trituration des matiéres n'a donc d'autre effet , que de les unir intimement,

& dans une juste proportion, ensorte que lors qu'une étincelle tombe sur un grain de Poudre, la partie de matiére, sur laquelle elle est reçuë, soit munie à la fois de Salpêtre, de Soufre & de Charbon dans la quantité proportionnée au reste du grain de Poudre ; ce que l'expérience prouve, y ayant des Peuples qui font de la Poudre par la seule ébulition des matiéres mélangées, & sans trituration; Or l'ébulition seule feroit évaporer l'air ; donc ce n'est pas l'air comprimé dans les grains qui fait l'explosion.

Le dégré d'humidité qu'il faut donner à la Poudre, lors qu'on la mouille, doit être tel, que la matiére ne s'attache point aux doigts en la maniant. Il faut aussi la changer de Mortiers, chaque fois qu'on l'humecte pendant les douze premiéres heures, & de deux fois une les douze autres; ce qui se fait en ôtant la matiére du premier, & en mettant dedans la matiére du second, dans celui-ci celle du troisiéme, & ainsi des autres jusqu'au dernier, dans lequel on rapporte celle qu'on a ôté du prémier.

Au bout de vingt quatre heures on la retire des Mortiers, pour la mettre dans le Grainoir, qui est une espéce de Crible de Peau bien tenduë, percé de trous proportionnés à la grosseur dont on veut le grain, qui doit se former en y passant ; on met sur la matiére un plateau de bois de dix à douze pouces de diametre, sur un pouce d'épaisseur, qui étant agité par le mouvement que l'on donne au Grainoir, force

par

par son poid & son frotement la matiére humide à se mettre en grain.

On repasse ensuite la Poudre dans un
tamis, où le grain encore humide, & tendre acheve de se former & de s'arrondir par
l'agitation qu'on lui donne, & prend de la
solidité. La bonne Poudre reste & le Poussier passe. On appelle Poussier, la composition fine qui ne s'est point grainée, que
l'on reporte dans les Mortiers pour en re-
faire de la Poudre, on ne la pile que
douze heures, & on y met moins d'eau.

Après que la Poudre est tamisée, on la
fait bien sécher, soit au soleil, si le tems
le permet en l'étendant sur des draps,
soit dans une Chambre échauffée par un
Poële bien revêtu de Plâtre, & d'une cha-
pe de cuivre ou de tolle par dessus, pour
que le feu ne puisse se communiquer au déhors.

Lors qu'elle est bien séche, il faut, a-
vant de la renfermer dans des Barils, la
passer encore au tamis, pour en ôter le
Poussier qui s'est fait en séchant.

Pour donner plus de force à la Poudre,
& la préparer pour la Chasse, on se sert
de Soufre bien purifié, de Salpêtre que
l'on rafine exprés une troisiéme fois, &
l'on choisit le Charbon fait des plus petites
branches qui est le plus léger & le meilleur ;
on bat la composition deux heures de plus,
on l'humecte d'eau, ou d'urine, qui vaut
encore mieux, dans laquelle on a délayé
gros comme une balle de Mousquet de
chaux vive sur chaque Pinte ; on l'humecte

moins

moins que la Poudre à Canon , & on la graine plus fin.

Après que la Poudre est grainée , pour la rendre plus belle , & en arrondir le grain , on la met dans le Lissoir , qui est un assemblage de Tonneaux attachés autour de l'arbre d'une roüe que l'eau fait tourner ; on la renferme dans ces Tonneaux , qui en tournant, la remuënt de maniére qu'elle devient ronde , lustrée , & d'un grain égal par le frotement ; il faut à la sortie de là, la tamiser une troisiéme fois , pour en ôter le Poussier.

On peut faire la Poudre en petite quantité & de plusieurs maniéres , soit en pilant les matiéres à bras , dans un Mortier, soit en les broyant sur un marbre , ou même sur une table de bois bien unie , & en les humectant de tems en tems. J'en ai fait qui n'a été broyée que pendant six heures, qui s'est trouvée fort bonne. Le mélange s'en fait plus exactement que dans un Mortier ; Il y a encore celle que pratiquent les Païsans de la Podolie , & de l'Ukraine , qui la font par ébulition. Ils mettent dans un pot de terre les doses de Salpêtre , Soufre & Charbon , passés au tamis de soye , & les font boüillir dans de l'eau l'espace de trois heures. Lors qu'elle est tout-à-fait évaporée , & que la matiére devient épaisse , ils la retirent du feu , & la mettent dans le Grainoir , dès qu'elle est refroidie. J'en ai fait l'essay dans une Eprouvette ; elle a cinq degrés & demi de force , & la nôtre sept & demi. Cette Poudre étant broyée,

ou

ou pilée pendant une heure, en l'humectant d'eau de vie, & remife au Grainoir,
acquiert un degré de force de plus, & eft
prefque auffi bonne que la nôtre. Le même Grainoir forme des grains de différentes groffeurs, il ne s'agit que de les paffer
par différents tamis pour les féparer.

La groffe Poudre eft préférable pour
les armes longues, comme Coullevrines,
Canons & Fufils, qui excédent la longueur
ordinaire. La raifon en eft, que les gros
grains qui préfentent moins de furface au
feu, avec plus de folidité & d'épaiffeur que
les petits, ne font pas fi-tôt confumés, &
ont le tems de s'allumer entiérement, avant
d'être hors d'une longue piéce; La Poudre
fine au contraire eft plus propre pour les
piéces courtes, comme les Mortiers, les
Canons appellés Thomas, les Fufils courts,
& Piftolets; en ce qu'elle s'enflamme plus
fubitement. Si l'on chargeoit de telles armes avec de la groffe Poudre, elle feroit
hors du Canon avant que la moitié de l'é-
paiffeur des grains eût brûlé. On tient en
France, pour la Poudre de guerre, un milieu entre la groffe & la fine, afin que la
même puiffe fervir pour toutes fortes d'armes. Ce n'eft pas le mieux pour le plus
grand effet des piéces; mais c'eft le plus
fimple & le plus commode.

Pour connoître la bonne ou mauvaife
qualité de la Poudre, il faut en verfer un
plein dez fur un papier blanc & bien fec;
on la touche légérement avec un Charbon;
fi elle prend feu fubitement, & s'éleve en

 l'air

l'air en forme de Cercle, sans brûler lé papier, y laissant seulement une tâche, couleur de gris de Perle; c'est une marque qu'elle est excellente; mais si elle est mauvaise, elle brûlera le papier, parce qu'elle sera lente à prendre feu.

La Poudre qui noircit le Papier, contient trop de Charbon; si la marque est jaune, c'est qu'il y a trop de Soufre; s'il reste des petits grains après que la Poudre s'est élevée, & s'ils prennent feu en les touchant avec un Charbon ardent, c'est signe que la Poudre a été mal battuë, & façonnée au Moulin, que le mélange n'a pas été exact, & que le Soufre manque dans ces grains; & s'ils ne prennent pas feu, c'est signe que le Salpêtre n'a pas été bien rafiné.

On a imaginé différentes sortes d'éprouvettes pour juger de la force de la Poudre; la plus ordinaire est une petite roüe de fer, dentée d'un côté, & divisée en dégrés; l'autre côté de la roüe porte un couvercle qui bouche un petit Canon posé perpendiculairement, qui peut tenir une demi charge de Pistolet, au bas duquel il y a une lumiére & un bassinet; le tout est monté sur un fût, comme un Pistolet; on peut même y mettre un Chien & une Batterie. On emplit le Canon de Poudre, & on y met le feu. La force de la Poudre chasse le Couvercle, qui fait tourner la roüe de quelques dégrés.

On se sert pour la reception des Poudres dans les Magazins du Roi d'un petit Mortier, qui étant pointé à quarante cinq
dégrés,

dégrés, doit avec trois onces de Poudre
chaſſer un boulet de cuivre de ſoixante livres peſant, au moins à cinquante toiſes.

On connoîtra encore la force de la
Poudre, & l'étenduë de ſa dilatation, en
formant ſur une table pluſieurs petits tas
d'un poids égal, de chacune des différentes
Poudres que l'on veut éprouver ; en obſervant de laiſſer entr'eux une diſtance me-
ſurée d'un certain nombre de diametres de
leur maſſe. Je ſuppoſe qu'il y ait ſept diametres du premier au ſecond tas, huit du
ſecond au troiſiéme, & neuf du troiſiéme
au quatriéme. Si, en mettant le feu au
premier, il le communique au ſecond, &
le ſecond au troiſiéme, cette Poudre ſera
plus forte d'un dégré que celle qui ne communiquera le feu qu'au ſecond tas, & dont
l'extenſion n'a atteint qu'à ſept diametres,
la premiére ayant été à huit, qui eſt le degré de dilatation que doit avoir la Poudre
pour être bonne.

CHAPITRE V.

DU MAGAZIN, DES MATIE'RES ET DE L'OUTILLAGE.

POur travailler avec facilité, il faut avoir
tous les Outils & matériaux néceſſaires, arrangés, & bien en ordre, dans le

lieu

lieu deftiné à cet ufage, que les Artificiers appellent Magazin; ce lieu doit être
très - fec, pour que l'artifice puiffe s'y conferver.

On évitera foigneufement, d'y introduire ni feu ni chandelles. Il arrive
fouvent, que l'on fe relâche là - deffus, ce
qui eft d'une dangereufe conféquence.

Un petit Four à portée du Magazin,
fera utile dans bien des cas, & particuliérement l'hyver, pour fécher le papier
collé fur l'artifice, que l'on voudra tirer
promptement.

La poudre fe tient ordinairement
dans des barils bien bouchés, pour empêcher que l'action de l'air n'y apporte
de altération, en y dépofant de l'humidité.

On met le Salpêtre, le Soufre & le
Charbon dans des coffres, ou boëtes bien
fermées, pour que la pouffiére & l'humidité n'y pénétrent pas.

Je tiens ordinairement le Salpêtre, &
les compofitions, dans de grands pots
de terre, bouchés d'un couvercle de même matiére, un linge entre deux; & je
trouve, qu'elles s'y confervent bien.

Les matiéres fe pilent dans un mortier de bois dur, ou, ce qui eft encore plus
comode, on les écrafe avec une molette
de bois, ou un maillet qui peut fervir au
même ufage, fur une table de bois de
chéne bien jointe, avec des rebords de
trois côtés, pour que rien ne fe répande.

On fe fert d'un morçeau de fer blanc,

Pl. 3.
Fig. 7.

un

un peu plus grand qu'une carte à jouër,
pour raſſembler les matiéres ſur la table,
& on balaye le plus fin avec une patte de
Liévre : ce morçeau de fer blanc s'appelle *écremoire*, & ſert à prendre les compoſitions dans les pots, où on les conſerve.

On aura de bonnes balances, & de
bons poids, dont la livre ſoit de ſeize
onces, pour peſer les matiéres.

Il faut quatre ou cinq Tamis de différentes groſſeurs, qui s'emboëtent dans
un Tambour couvert, comme ceux des Parfumeurs ; tant pour n'être point incomo-
dé de la pouſſiere, que pour empêcher le
plus ſubtil de ſe perdre.

Premiérement, un Tamis de toile de
crin la plus claire, qui eſt comme une
eſpece de Canevas, dont les fils laiſſent
entr'eux au moins une demi ligne de diſtance. Ce Tamis ſert à paſſer le Charbon pour les fuſées volantes ; il doit être
un peu gros, pour laiſſer dans l'air une
plus longue trace de feu, & former une
belle queuë à la fuſée.

Ce Tamis ſert encore à mélanger les
matiéres dont on forme les compoſitions ;
on les paſſe quatre fois dedans, & pour
lors elles ſont ſuffiſamment mêlées.

Un autre Tamis de toile de crin moitié plus fin, qui ſert à paſſer la moyenne
Limaille, & le Charbon pour le petit artifice.

Deux Tamis de ſoye ; l'un de la plus
fine gaze d'Italie, pour paſſer la poudre,

B 5

le

le Salpêtre & le Soufre ; & l'autre de moyenne grosseur, pour passer la Limaille pour les petits jets ; ce premier Tamis de soye doit être comme ceux dont les Parfumeurs se servent pour leur poudre.

La poudre pilée & tamisée s'appelle Pulverain, ou plus communement poussier, & le Charbon en poudre *Aigremore*; le Salpêtre & le Soufre ne changent point de noms.

Le Salpêtre est ce qui passe le moins aisément par le Tamis, à cause qu'il conserve toûjours une certaine humidité, on le fait sécher dans le four, ou dans une poële sur un feu lent; trop de feu le feroit fondre, après quoi, on le met facilement en poudre, & il passe bien, on doit toûjours avoir de ces matiéres tamisées, & prêtes à être employées.

La poudre pilée, ou écrasée qui n'a pû passer par le Tamis de soye, s'appelle *Relien*. On la garde pour en faire les chasses à des Pots à feu, mêlée avec de *l'Aigremore* ; comme elle est à moitié écrasée, elle agit moins vivement que la poudre, dont l'effet est trop prompt, pour que la garniture puisse bien prendre feu.

La Limaille de fer ou d'acier, qui sert à composer le feu brillant, se conserve, après l'avoir nétoyée & tamisée, dans des vessies de Porcs penduës à une cheminée, où l'on fait journellement du feu, sans cette précaution elle seroit consommée
en

en peu de jours par la rouille. On la né-
toye en la tamifant , & en la verfant à
plufieurs réprifes de fa hauteur fur un papier par terre , jufqu'à - ce qu'elle paroiffe
bien nette & brillante.   L'air, en la verfant ainfi , en emporte la pouffiére & les
ordures légéres , qui y font mêlées ; on
l'effaye enfuite , en en jettant une pincée
fur la flamme d'une chandelle , & l'on voit ,
fi elle fait un beau feu.

Pour les gros jets , on préfére les me-
nus coupeaux de Tourneurs en fer , qui
ont plus de confiftance que la limaille , &
font un plus gros feu.

L'Artifice dans lequel il entre de la Limaille de fer , ne peut être confervé que
fix ou huit jours au plus , paffé lequel
tems le Salpêtre la convertit un rouille ;
& plus on différe de le tirer, plus il perd
de fa beauté.

La Limaille de cuivre rouge, ou jaune, fe
conferve plus long - tems ; elle rend un feu
clair & y communique un peu de fa couleur ; mais comme elle n'y donne point
de brillant, ou très-peu, on n'en fait guére ufage.

Le Verre pilé n'eft guéres plus employé ; fon effet eft d'être chaffé fort
haut par la Poudre, lors qu'on l'employe
un peu gros, à caufe de fon poids ; fon feu
eft pâle, & ne donne aucun brillant.

Le Camphre entre dans quelques compofitions aquatiques , pour les rendre plus
conbuftibles , ou pour donner une couleur blanche au feu. C'eft une réfine entiérement

tiérement combuftible , qui brûle lentement , s'éteint avec peine , quand elle eft
allumée , & ne laiffe aucune matiére terreftre , après que le feu l'a confumée. On
le conferve dans une bouteille bien bou-
chée , pour empêcher la diffipation de
fes parties , qui font très - volatilles , &
s'évaporeroient fans cette précaution.   Il
diminuë même de poids , quoique bien
bouché.   Pour le réduire en poudre , on
le broye doucement avec du Soufre.

Le Magazin doit être fourni de bon
Carton pour faire les Cartouches , que
l'on appelle du Moulage.   On en vend à
Paris de particuliérement propre à cet
ufage , qui eft flexible & fort , & prend
aifément la colle.   Il y en a de trois épaif-
feurs; celui pour les petites fufées , compofé de deux feuilles de papier gris , &
d'une feuille de papier blanc, fans apprêt,
pour mieux prendre la colle , & être plus
maniable; L'autre efpéce eft compofée de
cinq feuïlles ; & la troifiéme de huit. Les
Artificiers les nomment Cartes en trois,
en cinq , & en huit.

Il y a outre cela la Carte liffe , qui
eft une autre efpéce de Carton trés-fort,
& peu flexible, dont on fait les marons,
qui font l'effet des boëtes de métal.

Il faut auffi de trois ou quatre efpéces de papier ; du gros papier brouillard,
pour coller les jointures & fciffures de
l'artifice, comme Pots & Chapiteaux des
fufées , portefeux , & autres ; Le grand
papier gris & le papier *Bazomme* blanc,

font

font employés , à faire des Lances , & à beaucoup d'autres usages.

On aura un assortiment de ficelles, & de cordes de toutes grosseurs , depuis la plus petite , dont on lie les Lardons , jusqu'à la grosseur du petit doigt , qui sert à é-trangler les Pots des grosses fusées ; celle qui sert à lier la gorge des Cartouches , doit être peu cablée , ou retorse ; elle en est plus souple, & lie mieux. On appelle la ficelle , du *Filagore*. , en terme d'Artificier.

Il y a plusieurs autres matiéres , & outils, qui servent à l'artifice , dont je ne parlerai qu'à l'occasion de l'usage auquel ils servent.

CHAPITRE VI.

DE L'ETOUPILLE.

ON se sert d'Etoupille pour amorcer toutes sortes de fusées, & pour communiquer le feu d'un endroit à un autre ; elle est fait de coton filé ; on lui donne la grosseur que l'on veut , en la mettant en plusieurs doubles.

Ayant préparé vos différentes grosseurs , arrangez-les en rond dans un plat de terre ; tirez-en les bouts hors du plat , crainte qu'ils ne se mêlent ; versez de l'eau de vie dedans autant quil en faut pour que

votre

votre coton puiſſe s'en bien imbiber; laiſſez - le tremper pendant quelques heures;
quand il vous paroîtra en être entiérement pénétré , vous prendrez plein vôtre
main de pouſſier , & le paſſerez dedans
au deſſus d'une terrine , pour recevoir
ce qui tombera ; vous le tremperez enſuite dans la pâte qui ſera tombée dans la
terrine ; s'il n'y en a pas aſſez, vous y a-
jouterez de l'eau de vie & du pouſſier,
puis le paſſerez dans votre main comme
la premiére fois avec du pouſſier, &
de même juſqu'à trois fois , après quoi,
vous mettrez ſécher l'Etoupille ſur des bâtons dans le Magazin , plûtôt qu'au grand
air , qui l'affoiblit ; ſi vous en voulez qui
s'enflamme plus ſubitement , il faut faire tremper le coton dans de l'eſprit de vin,
& le paſſer dans du pouſſier de Poudre
de chaſſe.

La plus commune ſe fait avec du vin
aigre , dans lequel on met tremper le coton pendant douze heures.

On fait l'Etoupille autant lente que
l'on veut, en mêlant plus ou moins de Soufre avec le Pouſſier. Le Charbon pourroit bien faire le même effet; mais elle ſeroit
ſujette à manquer, ce qu'on n'a point à craindre , lors qu'elle eſt ralentie avec du Soufre , il ſuffit alors de tremper le coton
dans de l'eau.

Après que l'Etoupille eſt bien ſéche,
il faut la devider ſur des cartons , chaque eſpéce à part , & la ſerrer dans une
caſſette

caſſette; il en faut toûjours avoir des groſſeurs les plus ordinaires.

On fait encore de groſſes Etoupilles avec de la compoſition d'étoille, que l'on appelle corde à feu, qui ſert à former des chiffres & autres deſſeins; on attache deſſus une Etoupille prompte de même longueur, & on clouë la corde à feu ſur le deſſein avec de petits clous d'Epingles, en donnant feu dans un endroit, il ſe communique par tout.

ETOUPILLE

Pour communiquer le feu ſous l'eau.

FOrmez une Etoupille de deux à trois lignes de diametre, paſſez-la trois fois dans un mélange par moitié, de Poudre fine grainée, & de Pouſſier; roulez-la enſuite ſur de la Poudre grainée pure, qui s'y attachera; votre Etoupille étant ſéche, paſſez-la dans du Goudron, puis dans du Soufre tamiſé, ce Soufre formera une croute qui empêchera le Goudron de poiſſier, en lui conſervant ſa ſoupleſſe; ayant diſpoſé votre Etoupille dans l'eau, donnez feu au bout qui eſt dehors, il ſe communiquera par deſſous l'eau à l'Artifice qui y ſera caché.

SECON-

SECONDE PARTIE.

Des Fusées volantes, & autres Feux qui ont leur effet dans l'air.

CHAPITRE PREMIER.

Des Moules pour charger les Fusées volantes, & de l'Outillage qui en dépend.

Pl. 2.
Fig. 1.
& 2.

UN Moule de Fusée volante, est un tuyau de bois tourné, & orné si l'on veut de moulures. Il sert à soutenir le Cartouche lors qu'on le charge, pour l'empêcher de se rider & de crever sous l'effort des coups de Maillet. Il sert aussi à régler le massif. On en fait présentement peu d'usage, attendu que nos Cartouches, qui sont plus épais que ceux des anciens, de meilleur carton & collé entiérement, ont la force de se soutenir sans le secours du Moule, & de résister même à un plus grand nombre de coups de maillet qu'ils n'en donnoient. On évite par là une grande in-
commo-

commodité, qui eſt celle, de ne pouvoir très ſouvent retirer la Fuſée du Moule, qu'avec bien de la peine, & en perdant beaucoup de tems. On avoit beſoin d'une grande juſteſſe dans le moulage des Cartouches; un peu trop, ou pas aſſez gros, le Moule n'étoit d'aucun uſage, ou il falloit mettre les Cartouches au rebut. On les charge donc tout ſimplement ſur la broche; & le maſſif ſe régle avec une baguette, ſur laquelle on fait une marque, qui en indique la hauteur, lorſque tous les Cartouches ſont rognés à égale longueur. Quoiqu'on ne ſe ſerve pas des Moules, il eſt cependant bon d'en avoir de toutes les différentes groſſeurs de Fuſées pour ſervir de meſure à la longueur & à l'épaiſſeur que l'on doit donner aux Cartouches, cette longueur étant la même que celle du Moule, y compris la partie qui eſt au deſſous de l'étranglement, que l'on appelle la gorge.

ARTICLE PREMIER.

Hauteur du Moule.

LA hauteur des Moules doit diminuer, à proportion que le diametre intérieur grandit. La cauſe de cette diminution eſt, que la force de la matiére enflammée n'augmentant pas en même raiſon que le diame-

tre

tre des Fusées, elle ne pourroit enlever une grosse Fusée, si on lui conservoit la même hauteur qu'à une petite.

On donne neuf diametres de hauteur aux plus petits Moules des Fusées, jusqu'à celles de six lignes.

Au-dessus de six lignes, jusqu'à huit, huit diametres.

Au-dessus de huit lignes, jusqu'à dix, sept diametres & demi.

Au-dessus de dix lignes, jusqu'à douze, sept diametres.

Au-dessus de douze lignes, jusqu'à quinze, six diametres & demi.

Au-dessus de quinze lignes, jusqu'à dix-huit, six diametres.

Au-dessus de dix-huit lignes, jusqu'à vingt-une, cinq diametres trois quart.

Au-dessus de vingt-une lignes, jusqu'à deux pouces, cinq diametres & demi.

Au-dessus de deux pouces, jusqu'à trois, cinq diametres un tiers.

Au-dessus de trois pouces, jusqu'à quatre, cinq diametres.

Au-dessus de quatre pouces, jusqu'à cinq, quatre diametres deux tiers.

Au-dessus de cinq pouces de diametres, jusqu'à six, qui sont les plus grosses Fusées que l'on ait faite, on leur donnera quatre diametres un tiers de hauteur.

ARTI-

ARTICLE II.

Epaiſſeur du Moule.

Elle eſt arbitraire, il ſuffit que le Moule réſiſte à l'effort des coups de Maillet; on proportionne cette épaiſſeur à la force de la matiére, dont il eſt fait, comme métal, Yvoire, Buis & autres bois.

ARTICLE III.

Proportion du Culot.

Le Culot eſt une baſe ronde qui porte le Moule : on lui donne de largeur un diametre, un quart extérieur du Moule, & un diametre de hauteur. Il porte un cilindre de fer dans le milieu, qui a de hauteur le diametre intérieur du Moule, & les dix-neuf vingtiémes de largeur, afin qu'il puiſſe y entrer aiſement. Il eſt ſurmonté d'une demi-boule de fer, qui a de diametre les deux tiers de celui du trou du Moule, & un demi-diametre de hauteur. Cette demi-boule porte la broche; elle ſert outre cela à ſoutenir le Cartouche, lors qu'on le charge, & à conſerver la forme demi-ronde à la partie qui eſt au deſſous de l'étranglement. Lorſque le cilindre eſt de fer,

Pl. 2.
Fig. 2.

ces

ces trois parties font d'une feule piéce ; on laiffe au cilindre une queuë quarrée , qui entre à force dans le Culot.   On peut faire auffi le pied , le cilindre & la demi-boule en bois, au milieu de laquelle on place une broche de fer.   J'en ai même vû, dont le tout, y compris la broche , étoit de bois dur ; alors on ne peut pas éviter de fe fervir du Moule , pour garantir la broche, que le moindre coup à faux cafferoit.

ARTICLE IV.

Proportions de la Broche.

LA Broche doit avoir dans fa bafe , le tiers du diametre du trou du Moule, & un fixiéme à fon extrémité ; fa hauteur doit être , non compris la demi-boule, de deux diametres moindre que celle du Moule, pour les groffes Fufées , jufques, & non compris celles de trois pouces de diametre.

De deux diametres demi-quart , jufques, & non compris celles de deux pouces.

De deux diametres un quart , jufques, & non compris celles de dix - huit lignes.

De deux diametres un quart & demi, jufques, & non compris celles de douze lignes.

De

De deux diametres & demi, jufques, & non compris celles de dix lignes.

De deux diametres trois quarts, jufques, & non compris celles de huit lignes.

De trois diametres, jufques, & non compris celles de cinq lignes & au-deſſous, qui n'ont pas beſoin d'être percées pour monter.

Suivant ces proportions, le maſſif de la premiére & plus groſſe eſpéce de Fuſée, aura de hauteur un demi-diametre du trou du Moule.

La ſeconde eſpéce, un demi-diametre & un demi-quart.

La troiſiéme, trois quarts de diametre.

La quatriéme, trois quarts & demi.

La cinquiéme, un diametre.

La ſixiéme, un diametre un quart.

Et la ſeptiéme, un diametre & demi.

On chargeoit autre fois les Fuſées toutes maſſives, & àprès les avoir fermées par un étranglement, on les perçoit avec une broche conique au bout d'un Vilebrequin. Cette methode ne convient point à nos Fuſées, dont la compoſition eſt trop refoulée pour être percée, & le Cartouche trop dur pour être étranglé après qu'il eſt chargé.

Tant que cette pratique a été en uſage, on a ignoré la maniere dont il faut charger les Fuſées, pour les conſerver bonnes, dont le ſecret ne conſiſte qu'à employer la compoſition bien ſéche, & à la refouler deux fois plus que les anciens ne faiſoient,

afin

afin de pouvoir y faire pénétrer la broche ; ils étoient même contraints de mouiller la compofition, pour ralentir le feu, qui, trouvant à pénétrer dans une matiére peu comprimée, auroit crevé le cartouche, fans cette précaution ; ainfi ils ne pouvoient les garder qu'auffi long-tems qu'elles confervoient le même dégré d'humidité.

On a depuis imaginé de les percer avec de petites tarriéres, ou méches de Vilebrequin, & d'achever de former le trou avec la broche conique. Ce moyen permet bien de refouler la matiére autant qu'on le veut, & les fufées ainfi fabriquées, feront bonnes, pourvû que le trou foit percé droit ; mais la difficulté de le faire à la main, ou l'embaras de fe fervir de machines pour guider le Vilebrequin, fera toûjours préferer de les charger avec des baguettes creufes, fur un Culot qui porte fa broche.

Le trou de la broche eft appellé l'ame de la fufée, parce qu'effectivement c'eft ce trou qui l'anime. & la fait monter, en préfentant au feu une plus grande furface de matiére inflammable, qui fe réduifant en vapeurs dans ce vuide, fait (dit Mr. l'Abbé Nollet dans fes leçons de Phyfique expérimentale :),, L'office d'un reffort,
,, qui agit d'une part contre le corps de
,, la fufée, & de l'autre contre un volume
,, d'air qui ne céde pas auffi vîte qu'il eft
,, frappé, & comme ce reffort fe renouvel-
,, le continuellement par l'inflammation
　　　　　　　　　　　　　,, fucceffive

,, fucceffive de toutes les parties de la
,, fufée, il en accélére le mouvement par
,, deux raifons; 1. parceque réfidant dans
,, le mobile même, il ajoûte toûjours à fa
,, vîteffe ; 2. parce que le poids, ou la ré-
,, fiftance de ce mobile, diminuë à chaque
,, inftant, par la diffipation des parties qui
,, brûlent. ,,

Les proportions de la broche doivent toûjours être relatives à l'épaiffeur du cartouche, & à la force de la compofition ; ces trois chofes doivent former entr'elles un exact équilibre, ou compenfation de forces, tel qu'il fe trouve dans celles que je donne, qui font les plus fuivies, mais je fuppofe que cet équilibre vînt à manquer, par la difproportion de l'une de ces chofes, on peut le rétablir en ôtant, ou en ajoûtant aux deux autres. Qu'une broche, par exemple, foit trop groffe, & que l'on veuille s'en fervir faute d'une plus convenable, il ne s'agit que d'affoiblir la compofition, pour contrebalancer la raréfaction d'une plus grande quantité d'air & de vapeurs enflammées, contenuës dans le vuide de la fufée ; fi la broche eft trop petite, il faut augmenter la force de la compofition, & l'épaiffeur du cartouche, comme on fait pour une fufée chargée en brillant ; & ainfi du refte.

C 4

ARTI-

ARTICLE V.

De la baguette à rouler le Cartouche.

Pl. 2.
Fig. 3.
ON donne à la baguette à rouler , les deux tiers du diametre du trou du Moule ; le tiers qui reste , est occupé par le cartouche , qui a un sixiéme d'épaisseur ; on ne laisse point de manche à cette baguette , qui doit être d'égale grosseur dans toute sa longueur.

ARTICLE VI.

Des Baguettes à charger.

Pl. 2.
Fig. 4.
5. & 6.
LEs baguettes à charger doivent être un peu moins grosses que celles à rouler , afin d'entrer plus facilement dans le cartouche lors que l'on charge. Il seroit très fatiguant , s'il falloit l'entrer & sortir à force , & cela pourroit gâter l'intérieur du cartouche. Il en faut au moins trois , la premiére est percée de la longueur de la broche , la seconde jusqu'aux deux tiers , & la troisiéme au tiers.

Pl. 2.
Fig. 7.
Le *massif* est une baguette fort courte , qui sert à charger la composition qui excéde la broche , que l'on appelle aussi le *massif* , parce qu'elle n'est point percée , ni cette baguette par conséquent. On

On se sert d'une cinquiéme baguette pour rendoubler le Carton sur le *massif*, dont le diametre est plus grand que celui des autres, afin qu'elle puisse prendre la partie rendoublée du cartouche , qui est environ la moitié de son épaisseur.

Pl. 2.
Fig. 8.

ARTICLE VII.

De la Cuilliére à charger.

ELle doit être de grandeur à contenir autant de composition qu'il en faut, pour remplir la hauteur d'un demi diametre exterieur de la fusée , étant refoulée ; on la fait ordinairement de cuivre, ou de fer blanc.

La Figure 9. Planche 2. représente la forme qu'elle doit avoir ; son diametre est celui de l'intérieur du cartouche : Les Artificiers l'appellent *Cornée* ; On peut se servir pour les petites Fusées d'une carte à jouer coupée en Houlette.

ARTICLE VIII.

Du Maillet.

LE Maillet dont on charge les Fusées , a aussi ses proportions ; le diametre

Pl. 2.
Fig. 10.

de

de fon Cilindre doit être de deux diametres trois quarts du trou du Moule, fa longueur de trois diametres un tiers, & fon Manche de cinq diametres & demi, non compris la partie qui entre dans le Cilindre ; on le fuppofe de bois ordinaire, comme Frêne, Chêne, ou Noyer ; s'il étoit d'un bois plus lourd, il faudroit proportionner la groffeur à la pefanteur.

ARTICLE IX.

Des noms des Moules & Fufées.

ON nomme les Moules, & Fufées qui y font chargées, par la grandeur de leur diametre : ainfi on dit un Moule & une Fufée de trois pouces, parce que c'eft la méfure du diametre intérieur de l'un, & du diametre extérieur de l'autre. Il y en a cependant quelques-unes qui ont des noms particuliers, dont je vais faire mention.

On les nomme par lignes jufqu'au petit partement qui en a huit, le partement en a dix, la Marquife douze, la double Marquife quatorze, les Fufées de trois douzaines feize (on les nomme ainfi, parce qu'elles peuvent porter trois douzaines de petits lardons, appellées vetilles, pour garniture,) les quatre douzaines dix-huit lignes, les cinq douzaines
vingt

vingt une , celles d'après font les Fufées de deux , trois, quatre pouces &c.

Siemienovviez , dans fon Traité des Feux d'Artifices , prétend que les Fufées doivent prendre leurs noms , de la pefanteur d'une balle de plomb qui peut entrer jufte dans le trou du Moule , enforte que fi la balle eft de quatre onces, ce doit être un Moule ou une Fufée de quatre onces ; il entre à ce fujet dans un grand détail, & donne plufieurs régles pour trouver combien peferoit une balle de plomb qui entreroit jufte dans un calibre de tant de lignes ou de pouces de diametre, & tout cela pour trouver un nom à la Fufée. N'eft-il pas plus fimple de dire une Fufée de tant de lignes, que de tant d'onces ; qu'il faut chercher par des calculs , qui eft une dénomination fauffe, & qui induit à penfer, qu'elle doit les pefer ? Cette pratique ne s'eft point introduite , elle n'auroit fervi qu'à embaraffer ceux qui ignorent les régles de calibre , & à donner très-inutilement de l'occupation à ceux qui les favent.

CHA-

CHAPITRE II.

DES CARTOUCHES.

Pl. 2.
Fig. 11. L'Epaisseur que l'on donne aux Cartouches en général, est un sixiéme du diametre du trou du Moule, ou le quart de celui de la baguette à rouler. Ce n'est pas une des moindres parties de notre art, que de savoir former habilement, & proprement, de bon Moulage, qui puisse loger le feu, & le contenir dans les bornes qu'on veut lui prescrire. Il arrive très-souvent, que l'artifice manque, parce que les Cartouches n'ont pas été bien faits. Un Cartouche n'a de force, qu'autant que les couches de carton se touchent immédiatement, ce qui dépend de le rouler ferme & droit; autrement il y restera quelque vuide, ou chambre, par où le feu se fera jour, & la Fusée crevera, ou *gravera* pour le moins. Une Fusée *grave*, lorsque le Cartouche trop fort pour crever, a cependant quelque petit vuide dans la premiére ou seconde couche intérieure, sur laquelle le feu agit peu-à-peu & la perce; la Fusée cesse de monter, dès qu'il s'est fait jour; ainsi lors qu'on voit une Fusée qui ne monte qu'au tiers, ou aux deux tiers de sa hauteur, c'est qu'elle a *gravé*; & si l'on en ramasse le Cartouche, on le trouvera

vera percé , & quelque fois en plusieurs endroits.

Le Moulage est ordinairement ce qui dégoûte & rebute le plus ceux qui s'essayent à l'artifice. Il est vrai que l'on n'y réussit pas du premier coup , il faut de l'habitude pour bien mouler ; mais cela s'aquiert en peu de tems.   Voici la façon d'opérer la plus générale , & la meilleure ; je donne pour exemple un Cartouche de double Marquise.

Je prends une feuille de carte en trois , & la coupe par la moitié dans sa largeur ; j'appelle ces moitiés , l'une A. , & l'autre B. , pour rendre la chose plus intelligible.

Ce carton est gris d'un côté , & blanc de l'autre ; ainsi il est inutile d'y donner d'autres noms.

J'appelle les extrémités de la longueur de la première moitié, C. & D. , & les extrémités de la seconde, E. & F.

Ayant posé sur une table le carton A. bien droit devant moi , l'extrémité C. de mon côté , le gris dessus & le blanc dessous , qui doit se trouver en dehors du Cartouche pour la propreté ; je pose ma baguette environ au quart du carton , je renverse & replie le bout C. par dessus la baguette , & je vois si cette partie est bien droite sur l'autre ; je fais joindre le carton sur la baguette , pour qu'elle ne se dérange point pendant que je collerai ; Après quoi je colle mon carton , tant la partie repliée qui est blanche ,

Pl. 1.
Fig. 1.
& 2.

che , qui en fait environ le quart , que les deux quarts de gris.

Je raméne enfuite la baguette à l'extrémité C. Fig. 2. , qui fe trouve collée par deſſous , & point en deſſus (cela fe fait pour que tout le carton foit collé, fans cependant que la baguette foit mouïllée de colle ,) je roule un tour ou deux de carton, en le faiſant bien joindre par tout ; je colle la partie qui étoit cachée par le carton replié ; après quoi je continuë de rouler juſqu'à un pouce ou deux de l'extrémité D. , fur laquelle je poſe la partie E. de la feconde feuille B. , que j'y ajoute , dont j'ai trempé dans l'eau le bord F. d'environ trois doigts qui termine le cartouche ; ce mouillage fert à ôter le reſſort du carton , afin qu'il joigne mieux , & pour empêcher qu'il ne fe décolle en féchant, ce qui arriveroit fans cette précaution. Lorſque cette feconde feuille eſt roulée, le cartouche eſt formé. Comme il eſt fort humide & tendre , on le prend avec un Linge , pour le retirer de deſſus la baguette ; autrement il s'attacheroit aux mains , & pourroit fe gâter. Suppoſé que quelque choſe déborde à chaque bout , il faut le rogner avec de grands Cizeaux à cet uſage. étant plus aiſé à couper pour lors , que quand il eſt fec.

S'il arrive, que la baguette fe mouïlle de colle , il faut la bien eſſuyer , & la frotter de favon , autrement on ne pourroit la retirer du cartouche.

Lorſque

Lorfque le Carton ne fe roule pas droit, il faut, dès que l'on s'en apperçoit, le dérouler, y mettre un peu de colle, & redreffer la baguette. Il faut auffi le rouler le plus ferme que l'on peut, afin que les couches de Carton fe touchent; les deux mains doivent agir, & appuyer également; c'eft le moyen d'aller droit. On ne doit pas le rouler d'un feul tems, mais par reprifes, en retirant à foi le Carton chaque fois pour être mieux dans fa force; on moule aifément quinze douzaines de doubles Marquifes dans un jour, lorfque l'on eft rompu à ce travail.

La *Carte en trois* fert pour les petites Fufées, jufques & compris la double Marquife.

La *Carte en cinq* jufques & compris les Fufées de trois pouces. Et la *Carte en huit* pour celles d'au-deffus.

Tout moulage de Carton doit être fait comme il vient d'être dit; celui en Carte pour les Lardons, & celui en papier pour les lances à feu, font un peu différents.

Les Lardons & Serpenteaux, qui fervent à garnir les Fufées & Pots à feu, fe font d'une, de deux, ou de trois cartes à jouër, fuivant la groffeur qu'on veut leur donner; Ces cartes ne fe collent point, mais il faut les mouiller, & les employer a moitié feches; elles en font plus flexibles, & fe roulent mieux. On commence par en rouler une, on y en ajoute une autre, puis une troifiéme, & on les termine par un morçeau de papier

gris,

gris , qui eſt la trente - deuxiéme partie d'une feuille , dont le bord eſt collé.

On colle pluſieurs de ces papiers d'un ſeul coup de broſſe , en les arrangeant ſur une table , & les faiſant déborder de huit à dix lignes les uns ſur les autres.

Les Cartouches de Lances à feu ſont faits (ſuivant la longueur qu'on veut leur donner) d'une demi - feuille ou d'un quarré de papier gris , ou *Bazomme* roulés dans leur largeur ; mais comme il ſeroit très - difficile de bien faire joindre le papier ſur la baguette , il faut s'y prendre ainſi , & c'eſt l'unique façon de les bien faire ; ayant poſé la baguette à rouler ſur le papier environ au tiers de ſa largeur , renverſez ce tiers deſſus , de la même maniére que pour le moulage en carton ; faites - le bien joindre ſur la baguette , & roulez un tour (au lieu que pour les Cartouches des Fuſées , on raméne la baguette à l'extrémité ;) après quoi collez tout le papier , & achevez de le rouler ; il faut attendre qu'ils ſoyent entiérement ſecs pour les étrangler ; les Porte - feux ſe moulent de même.

La colle que l'on employe pour le moulage , ſe fait de fleur de farine de froment , détrempée & bouillie dans de l'eau ; il faut qu'elle ſoit claire , & s'étende facilement ; on ſe ſert de broſſes de poil de Porc , pour l'employer.

CHA-

CHAPITRE III.

DE L'ETRANGLEMENT DES CARTOUCHES.

IL ne faut pas attendre que les Cartouches soyent entiérement secs, pour les étrangler ; ils donneroient beaucoup de peine , & cela seroit même impossible, pour peu qu'ils fussent gros; il n'y a pas moyen d'entreprendre de les ramollir, ils s'étrangleroient mal , & feroient un mauvais effet.

Ayez de bonne ficelle retorse , mais point trop, elle seroit cassante , qu'elle soit de grosseur proportionnée aux cartouches; attachez-en un bout à quelque chose de fixe ; & de bien fort, comme un gond ou piton scellé dans le mur , ou vissé dans du bois ; attachez-en l'autre bout au milieu d'un bâton que vous vous passerez entre les cuisses, ou à une Sangle dont vous vous ferez une ceinture; frottez votre ficelle ou filagore de savon , crainte que le cartouche un peu humide ne s'y attache, & ne se déchire dans l'étranglement. L'ayant posé dessus , prenez la partie du filagore qui est entre le cartouche & vous, faites-en deux tours dessus , bien juste , dans l'endroit que vous voulez étrangler , qui est à un demi diametre extérieur de son extrémité, dans laquelle partie ayant enfoncé

Pl. 1.
Fig. 3.

D   une

une baguette que vous tenez de la main
droite, & le cartouche de la main gauche, ferrez la ficelle en jettant le corps
en arriére, & tournez le cartouche à chaque fois pour en bien arrondir l'étranglement, jusqu'à-ce qu'il ne reste qu'un
trou à pouvoir passer la broche avec peine, pour lors il est suffisamment étranglé.

On peut se servir si l'on veut de deux
baguettes, une dans le corps du cartouche, & l'autre dans la gorge; l'opération
en est un peu plus longue, mais elle est
meilleure ; le carton fait moins de plis,
& s'étrangle plus rondement.

Quand on a étranglé un certain nombre de Fusées, il ne faut pas différer à les
lier, crainte que l'étranglement ne se relâche.

Pl. 2.
Fig. 21.   Il y a un nœud particulier dont on les
lie, qui s'appelle le nœud de l'Artificier,
qui est très-commode, & lie bien. Il ne
s'agit que de passer trois boucles dans la
gorge de la Fusée, en serrant chaque fois,
& sans faire de nœud ; on attache ainsi tous
les cartouches ensemble, après quoi on
prend le premier attaché & le dernier, &
on les tire avec force, ce qui fait serrer la
ligature de tous. On les resserre encore
avant de les séparer pour les charger. Les
pots des Fusées & les baguettes se lient de
même, & presque tout ce qui doit être lié
dans l'Artifice.

CHA-

CHAPITRE IV.

DES COMPOSITIONS DONT ON CHARGE LES FUSE'ES VOLANTES.

ON penſoit il n'y a pas encore bien long-tems, qu'il étoit néceſſaire d'af- foiblir la compoſition, à proportion que l'on augmentoit le diametre des Fu- ſées; cet uſage étoit fondé ſur la force que la matiére enflammée acquiert par l'aug- mentation de ſon volume; & ſuivant ce principe, il falloit avoir une compoſition particuliére pour chaque gradation de Fuſées, ce qui devoit être fort incommode.

Nous opérons aujourd'hui d'une fa- çon beaucoup plus ſimple; une ſeule com- poſition de chaque eſpéce de feu, ſuffit pour toutes. Nous ne conteſtons pas cette augmentation de forces, mais en donnant aux cartouches un ſixiéme du diametre du Moule d'épaiſſeur, nous les mettons en état de réſiſter, quelque grand que ſoit leur diametre, à la même com- poſition qui a la force d'enlever une pe- tite Fuſée; & bien loin de l'affoiblir, nous trouvons cette augmentation de for- ce d'autant plus néceſſaire, qu'elle ne ſe- roit pas même ſuffiſante pour enlever une groſſe Fuſée, ſi ſa hauteur étoit dans les mêmes proportions que celle d'une pe-

D 2

tite :

tite : on eſt contraint d'en diminuer la hauteur , & même quelque fois d'ajouter du pouſſier à la compoſition pour les Fuſées de trois pouces & au-deſſus , qui ſans cela ſeroient pareſſeuſes , ſur tout en hyver , où le Salpétre a moins de force , étant chargé d'humidité. Car quelqu'attention que l'on ait à l'employer bien ſec , le ſeul tems de mêler les matiéres , & de charger les Fuſées , ſuffit , pour qu'il prenne de l'humidité , lorſque l'air en eſt chargé.

Il s'enſuit de là , que les petites Fuſées doivent être chargées de la compoſition la plus forte , à cauſe du peu de ſurface qu'elles préſentent au feu , ſans quoi elles brûleroient lentement ſans s'élever , & que les groſſes peuvent l'être auſſi , en y proportionnant le cartouche & la broche.

Les compoſitions ci-après tiennent un milieu entre les plus fortes & les plus foibles ; elles conviennent également pour toutes les différentes groſſeurs de Fuſées, ſuivant les proportions que j'en ai données, juſques, & compris le partement.

Compoſition des Fuſées volantes.

	Livres.	onces.	gr.
Salpêtre.	1.	0.	0.
Aigremore. . .	0.	7.	4.
Soufre. . . .	0.	4.	0.

Autre

Autre plus vive.

	Livres.	onces.	gr.
Salpêtre.	1.	1.	0.
Aigremore.	0.	8.	0.
Soufre.	0.	3.	0.

En Hyver celle-ci ne sera point trop forte.

	Livres.	onces.	gr.
Salpêtre.	1.	4.	0.
Aigremore.	0.	8.	0.
Soufre.	0.	3.	0.

Autre, dont on se sert faute de Salpêtre, appellée feu commun.

	Livres.	onces.	gr.
Poussier.	1.	0.	0.
Aigremore.	0.	4.	0.

Les Fusées au-dessous du partement se chargent de la composition des Lardons. Les petites Fusillettes de cinq lignes & au-dessous, n'ont pas besoin d'être percées pour monter. On peut les charger tout simplement de Poussier, mais le feu en est plus beau, lors qu'on y ajoûte une once & demi de Charbon à la livre : on les charge sur un Culot qui n'a point de broche ; si elles étoyent percées, elles monteroient si rapidement, vû leur légéreté & la force de la composition, qu'on

D 3   auroit

auroit peine à les voir.   Ces Fusées ne font autre chose que des Lardons auxquels on attache des baguettes.   A trois lignes & au-dessous, on fait le cartouche de papier, & on les charge dans un Moule.

Ces petites Fusées servent pour des Feux d'Artifice en petit; on peut même les réduire dans un assez petit volume, à pouvoir les tirer dans une salle.

Les matiéres des compositions ci-dessus étant pesées, il faut les mettre dans le gros Tamis de crin, & les y passer quatre fois, pour les bien mêler & incorporer; après quoi la composition est faite, & prête à être employée.

CHAPITRE V.

COMMENT ON CHARGE LES FUSE'ES VOLANTES.

IL faut premiérement rogner le cartouche à la hauteur du Moule, puis frotter la broche de savon, pour qu'elle puisse entrer plus facilement dans le trou de l'étranglement, qui est un peu plus petit que la partie la plus grosse de la broche, afin qu'en y entrant un peu à force, elle le forme bien en rond; lorsque les cartouches font un peu gros, on se sert d'une scie pour les rogner.

Ayant

Ayant mis votre cartouche sur la broche, prenez un bout de corde, faites-en deux tours, & le nouez dans l'étranglement, pour en conserver la forme, & soutenir le cartouche, que les coups de maillet affaisseroient & affoibliroient dans cette partie qui *graveroit* ; & quoi qu'il y ait une corde, la même chose arriveroit, si on refouloit la composition plus fort qu'il ne convient.

Placez votre culot sur un billot bien uni & solide, sur lequel vous étendez une grande feuille de papier, pour recevoir la composition qui peut se répandre.

Mettez la première baguette à charger dans le cartouche vuide, & frappez dessus dix ou douze coups, pour en unir le fond, & applanir les plis de l'étranglement, qui, s'ils restoient, pourroient occasionner quelque vuide, où l'air venant à se dilater, feroit crever ou graver le cartouche.

Versez ensuite une cornée de composition, frappez quelques petits coups avec la baguette contre le cartouche, pour faire tomber ce qui s'y est attaché, introduisez doucement votre baguette, & appuyez-la ferme sur la composition, frappez dix ou douze petits coups de maillet pour l'asseoir, & de tems en tems retirez un peu la baguette & la frappez, pour faire tomber la composition qui a pû entrer dans sa cavité. Après quoi, pour les doubles Marquises, frappez quarante coups égaux, non compris les douze ; & ayant rétiré

Pl. 1.
Fig. 4.
& Pl.2.
Fig. 11.

D 4

votre

votre baguette, faites-en fortir la compofition, en frappant contre avec une autre baguette; fans quoi elle s'engorgeroit, & rifqueroit de fe fendre à la feconde charge. On juge qu'elle eft vuide au fon qu'elle rend.

Remuez de tems en tems avec la cornée la compofition dans la febille, pour mêler les matiéres que l'ébranlement des coups de maillet fépareroit; le Soufre qui eft le plus lourd, iroit au fond, & le charbon viendroit deffus; c'eft pourquoi il faut éviter de la tenir fur le billot, afin que l'ébranlement foit moins grand; par cette raifon les compofitions gardées long-tems, doivent être repaffées par le gros Tamis, lorfque l'on veut les employer.

L'opération de la feconde & troifiéme baguette fe fait de même, excepté qu'à chaque changement de baguette, on diminuë de cinq le nombre des coups; ainfi la feconde ne fe frappe que de trente cinq coups, & la troifiéme que de trente, non compris les dix ou douze petits coups pour affeoir la compofition; le maffif ne doit être frappé que de vingt coups; la raifon de cette diminution eft, que la matiére, qui augmente d'épaiffeur à mefure que la broche diminuë, préfentant au feu moins de furface & plus de réfiftance, a moins befoin d'être refoulée.

On charge trois fois de chaque baguette, lors qu'il n'y en a que trois; & quand il y en a quatre, on charge trois fois de la première, & deux des trois autres; fi cela

la ne fuffit pas, on fe fert une fois de plus de l'une des baguettes.

Une Fufée doit être chargée en onze ou douze charges, neuf à dix pour couvrir la broche, & deux pour le maffif: On fent avec le doigt, quand la broche eft prefque couverte, & pour lors on fe fert de la baguette à charger le maffif.

On doit avoir grande attention à n'en donner que jufte ce qu'il en faut pour le bel effet de la Fufée; car fi on en donne trop, la Fufée ne jette la garniture qu'en retombant, & fi on n'en donne pas affez, la Fufée *défonce*, c'eft-à-dire, que le maffif, qui n'a pas affez d'épaiffeur pour réfifter à l'effort du feu, lui céde, & eft auffi-tôt confumé, la chaffe prend feu, & jette la garniture, avant que la Fufée foit montée.

Les Fufées au-deffus des doubles Marquifes, fe chargent de cinquante coups avec la première baguette; celles au-deffous de trente coups, & des autres baguettes à proportion, en diminuant de cinq, comme il a été dit.

Les Fufées de trois pouces & au-deffus, doivent être chargées fous un mouton, n'y ayant point d'homme affez fort pour remuer long-tems un maillet d'une groffeur proportionnée; cependant fi l'on n'en a qu'un fort petit nombre à charger, en ne mettant qu'une demi cornée de compofition à chaque charge, on pourra, à deffaut de mouton, fe fervir d'un maillet d'une groffeur à pouvoir être manié commodément.　　D 5　　Le

Le maffif étant chargé à la hauteur convenable, (ce qui fe connoît, comme il a déja été dit, lorfque la compofition eft à la hauteur du Moule, ou fi l'on ne s'en fert point, on le connoît par la baguette à charger le maffif, à laquelle on fait une marque qui en régle la hauteur, lors qu'on a rogné tous les Cartouches à la même longueur) mettez fur votre maffif un tampon de papier chiffonné, & le frappez d'une douzaine de coups ; prenez enfuite un poinçon, dont la pointe foit un peu émouflée, & fervez - vous - en pour dédoubler la partie du Cartouche qui eft reftée vuide au - deffus du Moule ou du maffif ; l'ayant donc dédoublée jufqu'à la moitié de fon épaiffeur, repliez - la fur le tampon de papier, & le frappez d'une vingtaine de coups de maillet, en pofant deffus la baguette à *rendoubler* le carton ; après quoi, fans ôter la Fufée de deffus la broche, percez - la dans le carton

Pl. 2.
Fig.14.
& 17.

rendoublé, depuis un, jufqu'à quatre trous, fuivant qu'elle eft groffe, avec un poinçon à arrêt, en le frappant avec un maillet ; l'arrêt fert à l'empêcher de pénétrer plus avant qu'il ne faut ; il ne doit percer que le carton, le tampon, & une ligne ou deux de compofition ; s'il pénétroit plus avant, cela affoibliroit le maffif, qui donneroit trop - tôt feu à la garniture.

La Fufée étant en cet état, retirez - la de deffus la broche, déliez la corde qui confervoit l'étranglement, & effuyez-
la

la bien ; elle doit être aussi blanche extérieurement qu'avant d'être chargée, pour
peu que vous y ayez fait attention : c'est une
propreté qui fait plaisir , & dont tous les
gens de l'art se piquent.

Rognez ensuite ce qui excéde le carton *rendoublé* ; votre Fusée alors est en
état d'être garnie ; ou si vous voulez la
garder quelque tems, telle qu'elle est , il
faut coller un rond de papier sur le
bout d'enbas , pour empêcher que l'air
n'agisse sur la composition , ce qui s'appelle *bonneter* une Fusée ; il n'est pas mal
aussi de la *bonneter* sur le massif , à cause
des trous qu'on y a faits , par lesquels l'humidité , ou le feu pourroient s'introduire.

On sent assez , que le *rendoublement* du
carton sert à maintenir la composition
dans le Cartouche , contre l'effort du feu ,
qui se feroit jour par là , s'il n'y trou-
voit une résistance proportionnée à sa
force ; & que les trous que l'on y fait ,
servent à donner feu à la chasse , lorsque
le massif est presque consumé.

CHA-

CHAPITRE VI.

DU POT, CHAPITEAU, ET GARNITURES DES FUSE'ES VOLANTES.

Pl. 2.
Fig. 12.
& 13.
LE Pot doit être fait du même carton que la Fusée. On le roule sur un Cilindre de bois, que l'on appelle le Moule à former le Pot, représenté Planche 2. Fig. 13. On lui donne d'épaisseur pour les doubles Marquises & au-dessous, trois tours de carton, & à celles de seize lignes de diametre & au-dessus, deux tours seulement, parce que le carton est plus épais. Il faut que la partie A. sur laquelle on l'étrangle, soit un peu moins grosse que la Fusée, attendu que l'étranglement se relâche toûjours, & que la Fusée doit y entrer juste.

On réservera toûjours le côté le plus uni, pour porter le Chapiteau. S'il s'en trouve qui ne soyent pas bien droits, soit parce qu'ils auront été mal roulés, ou parce que le carton sera défectueux, il faut les rogner sur le Moule même, en faisant déborder la partie qu'on veut retrancher.

Le diametre du Pot, doit être d'un diametre & trois quarts de celui de la Fusée, pris extérieurement, & sa hauteur de deux diametres. On observera, que pour les Fusées de quinze lignes, jusques
&

& compris le partement , on peut leur
donner la hauteur des Lardons ordinaires , faits de cartes à jouër , que ces Fusées
peuvent porter pour garniture ; & comme
les pacquets d'étoiles sont beaucoup moins
hauts , on réduira le Pot à la proportion
ci - dessus , lorsque les Fusées en seront
garnies.

Le Pot étant étranglé à ladite mesure , rognez - le bien droit par en bas ,
en reservant dequoi le lier commodément , comme un demi - diametre de la
Fusée , ou à - peu - près ; trempez dans
l'eau cette partie qui doit être liée ,
pour la rendre plus flexible , & l'attacher
plus ferme sur la Fusée ; faites - la entrer
dedans jusqu'au deffaut de l'étranglement ,
ensorte qu'elle n'excéde point le fond du
Pot ; après quoi liez - le bien ferme , &
à plusieurs tours , du nœud de l'Artificier ;
collez ensuite une bande de papier brouillard par dessus , pour cacher la ligature ,
& empêcher qu'elle ne se relâche ; puis
versez dans le Pot une *cornée* de la composition des Lardons , ou des chasses des
Pots à feu , ou même tout simplement de
celle dont on a chargé la Fusée ; c'est ce
qui s'appelle la Chasse qui sert à jetter la
garniture ; placez vos Lardons ou Serpenteaux dessus , autant qu'il en peut tenir dans
le Pot , en observant toutefois , que la
garniture n'excéde pas en pesanteur le
corps de la Fusée ; une Fusée de quatre
onces , n'en doit pas peser plus de huit ,
lors qu'elle est garnie , & ainsi des autres.

Pl. 2.
Fig. 11.

Faites

Faites entrer quelques petits tampons de papier chiffonné dans les interſtices des Lardons , pour les maintenir ſtables , & empêcher qu'ils ne ſe dérangent ; fermez le Pot avec un rond de papier gris ou brouillard que vous collez deſſus. C'eſt à-peu-près la même choſe pour les Etoilles ; elles ſont à pacquets de ſix ; il faut les paſſer dans du pouſſier , pour qu'elles prennent feu plus ſubitement , & les placer tout droits ſur la chaſſe , puis mettre par deſſus un bon tampon de papier chiffonné , qui tienne le tout en état, & fermer le Pot comme il vient d'être dit.

La bande de papier dont on couvre la ligature du Pot , doit être mouillée de colle des deux côtés, cela rend le papier plus maniable , & fait que les plis ne parroiſſent point. On obſervera la même choſe pour tout le papier que l'on employera à couvrir les ſciſſures , ou jointures des Fuſées , ou Porte-feux.

Pl. 2.
Fig. 15. Le Chapiteau eſt ce qui termine la Fuſée en forme de Cône ; il eſt fait d'un ſimple carton pareil à celui du Pot. Pour lui donner la grandeur qui convient, tracez ſur du carton un rond au Compas, dont l'ouverture doit être d'un diametre un tiers du Pot ; diviſez ce rond en deux, chaque moitié vous donne dequoi former un Chapiteau ; prencz-en une , & la mouillez pour en ôter le reſſort ; collez le bord de la partie diametrale, tant deſſus que deſſous ; contournez-la enſuite en forme de cornet , & faites bien joindre

dre les extrémités du carton l'une fur l'autre, depuis la pointe jufqu'en bas; alors votre Chapiteau eft formé. Après qu'il eft bien fec, donnez des coups de cifeaux dans la partie qui doit être collée fur le Pot, à la diftance d'un doigt l'un de l'autre, pour qu'elle joigne mieux, & ne fafſe point de plis; mouillez-la pour la rendre plus fouple, & la collez tant en dedans qu'en déhors; puis placez votre Chapiteau bien droit fur le Pot, & collez fur la fciffure une petite bande de papier brouillard, tant pour la cacher, que pour empêcher qu'il ne fe décolle en féchant.

Lors qu'il eft néceffaire de retrancher quelque chofe du Chapiteau, fervez-vous, pour le rogner droit, d'un petit bout de baguette, dans lequel vous ferez traverfer une groffe épingle à la mefure jufte que vous voulez donner au Chapiteau; pofez ce petit-bâton dans le fond du cornet, & tracez un rond avec l'Epingle, qui eft la marque de ce que vous en devez retrancher.

Le Chapiteau étant pofé, vous amorcerez votre Fufée en procédant ainfi qu'il fuit; prenez un morçeau d'étoupille plié double, & de groffeur proportionnée, faites-le entrer dans l'ame de la Fufée à la hauteur d'un diametre extérieur, & le collez dans la gorge, ou écuelle, au-deſſous de l'étranglement avec de l'amorce, qui eft de la poudre écrafée & détrempée avec de l'eau, dont vous faites une Pâte. Obfervez

ſervez de n'en mettre qu'autant qu'il eſt néceſſaire pour tenir l'étoupille : une trop grande quantité donneroit trop de feu, & pourroit faire crever , ou défoncer la Fuſée. Laiſſez votre Etoupille aſſez longue , pour que les deux bouts qui pendent, débordent la Fuſée d'un demi diametre; faites-les rentrer dans l'écuelle de l'étranglement, & la bonnetez ; ſans cette précaution une Fuſée qui défonceroit, pourroit mettre le feu à toutes les autres, & cauſer bien du déſordre. Elles peuvent en cet état ſe conſerver un grand nombre d'années , dans le même dégré de bonté, pourvû qu'on les préſerve de l'humidité & des Rats, qui, attirés par la colle de farine, rongent le Carton. Quant à la chaleur, elle n'y cauſe aucune altération; on fait même ſécher au four à une chaleur modérée, les Fuſées que l'on vient de garnir, quand on eſt preſſé de les tirer.

Bien des Artificiers ne mettent point de Pot aux petites Fuſées de Caiſſe ; ils ſe contentent de rouler deſſus un morçeau de papier gris, qu'ils y collent, dans lequel ils mettent la chaſſe & la garniture, ce qu'il en peut tenir , & lient le papier par deſſus pour la renfermer. Les Fuſées ainſi garnies, montent plus haut, parce qu'elles ſont moins chargées , mais auſſi la garniture qu'elles jettent, eſt bien peu de choſe.

CHA-

CHAPITRE VII.

DES BAGUETTES;

COMMENT IL FAUT LES AT-TACHER AUX FUSE'ES: ET DU CHEVALET.

L'Effet de la Baguette que l'on attache aux Fusées, est de les maintenir droi-tes, en contrebalançant leur pesan-teur contre laquelle le feu agit, par l'un des bouts qui doit toûjours être tourné en bas, & qu'elle force à garder cette situation.

Pl. 2.
Fig. 16.

Le bois le plus léger est le plus pro-pre à faire des Baguettes. Celles des Fu-sées au-dessus des doubles Marquises doi-vent être faites par un menuisier, étant bien rare de trouver des branches d'arbre assez droites, longues & menuës, pour servir à ces Fusées. A l'égard des doubles Marquises & au-dessous, le Coudre, le Sau-le, l'Orme & l'Osier fournissent abondam-ment des Baguettes qui leur sont propres. Il faut leur donner au moins neuf fois la longueur de la Fusée, non compris la garniture, dont la hauteur varie, ou, ce qui est la même chose, neuf fois celle du Moule; & la partie la plus grosse, qui est celle où l'on attache la Fusée, ne doit avoir qu'un demi diametre extérieur de la Fusée

E

au

au plus.   Ainſi la Baguette d'une Fuſée de deux pouces, n'en aura qu'un d'épaiſſeur en tête, & de même des autres ; elle doit diminuer inſenſiblement de groſſeur, & ſe terminer preſque en pointe.

Une Baguette, dont la tete eſt trop groſſe, charge trop la Fuſée, la queüe étant peſante à proportion, lorſque l'équilibre eſt obſervé ; elle ne monte que très-lentement, ou point ; & ſi l'équilibre n'eſt point gardé, & que la queüe ſoit trop légére, elle fait le même effet que lors qu'elle porte une garniture trop peſante, elle ne s'enléve qu'à une médiocre hauteur, & retombe à terre en faiſant un demi Cercle. On dit d'une telle Fuſée, qu'elle a *arqué*, pour exprimer la ligne courbe qu'elle a décrite.

Plus les Baguettes ont de longueur, plus les Fuſées montent droit, elles ne ſçauroient en avoir trop, pourvû que n'ayant en tête que la groſſeur ci-deſſus, elles ſe trouvent en équilibre à une certaine diſtance, lorſque les Fuſées y ſont attachées.   Cette diſtance ſe régle par le diametre extérieur de la Fuſée : on en donne trois aux plus petites Fuſées, juſques & compris celles de quatorze lignes ; pour celles au-deſſus, juſques & compris les Fuſées de deux pouces, deux diametres & demi ; & aux Fuſées au-delà, deux diametres ; ſuivant leſquelles proportions la baguette d'une Fuſée d'un pouce, doit être en équilibre à trois pouces de la gorge ; celles de deux pouces, à cinq ; & celles
de

de trois pouces, à fix. On cherche l'équilibre avec un couteau, fur le tranchant duquel on pofe la baguette, ou même fur le doigt; fi elle eft trop légére, il faut en changer, ou attacher au bout quelque chofe de lourd, & qui faffe peu de réfiftance dans l'air; on prend ordinairement un cartouche de lance à feu, dans lequel on fait entrer la baguette, & on le lie deffus: Lors qu'il y va de peu de chofe, on peut attacher la Fufée d'un pouce ou deux plus haut, cela donne plus de longueur & de poids à la baguette. Si elle eft trop pefante, il en faut ôter, foit en retranchant de fa longueur, fi elle a plus de neufs fois celle de la Fufée, foit en ôtant de fon épaiffeur.

On fait faire par le menuifier une Canelure aux Baguettes de Sapin, pour placer la Fufée, & la tenir ftable; à l'égard des Baguettes de branchage, il fuffit d'unir avec un couteau, & rendre plane la furface de l'endroit où on l'attache; l'extrémité du gros bout, doit être coupée en talus, tant pour la propreté, que pour faire moins de réfiftance dans l'air.

La Fufée étant pofée dans la Canelure, jufques & non compris la ligature du Pot, qui doit excéder la Baguette, il faut la lier dans deux endroits du nœud de l'Artificier, premièrement un peu au - deffous du talus qui termine la tête de la Baguette; & en fecond lieu dans l'etranglement; on fait une coche à la Baguette à

E 2

chacun

chacun de ces endroits, pour que la ficelle ne gliſſe point.

Il faut n'employer que des Baguettes bien droites, celles qui ſont tortues & courbes, font monter les Fuſées en tournoyant; ce n'eſt pas toûjours un deffaut, & il arrive quelque fois que ce tournoyement a une forme ſpirale ſi réguliére, qu'il plait beaucoup : on peut le donner aux Fuſées quand on veut, il ne s'agit que de courber la Baguette en demi cercle; quoi qu'il en ſoit, rien n'eſt plus beau qu'une Fuſée qui monte bien droit, & dont la Baguette retombe ſur le Chevalet, ou à peu de diſtance, comme je l'ai vû arriver quelque fois par un tems bien calme; C'eſt la preuve qu'une Fuſée eſt bien proportionnée dans toutes ſes parties.

Le vent écarte les Fuſées plus ou moins de la ligne droite, à proportion de ſa force; on doit éviter d'en tirer, quand il en fait beaucoup, elles perdent de leur beauté, & d'ailleurs on riſque, qu'elles n'aillent porter le feu en quelqu'endroit.

L'uſage des Baguettes de bois verd n'eſt pas bon, premiérement parce qu'étant plus peſantes, on eſt obligé de les tenir plus courtes, & en ſecond lieu parce qu'en ſe ſéchant, elles perdent de leur Poids, ce qui change l'équilibre, & fait qu'elles ne montent pas droit. Ainſi il ne faut les attacher aux Fuſées, que lors qu'elles ſont bien ſéches, à moins qu'on ne veuille les tirer auſſi-tôt. Comme la Baguette ne ſert qu'à maintenir la Fuſée droite,

te, on a imaginé d'y substituer des Panaçeaux, dont on la garnit comme une flé-
che, ce qui produit le même effet par la
résistance qu'ils trouvent dans l'air, qui les
empêche de céder au poids de la Fusée qui
tend à les renverser; ainsi elle est forcée
de monter droit. Ces Panaçeaux sont de
bois mince, ou de fort carton; il en faut
quatre qui prennent depuis le bas du Chapiteau, jusqu'à la gorge de la Fusée, dont
ils ont par enbas trois fois le diametre
exterieur, ils se terminent en pointe, &
forment un triangle rectangle : On les fait
tenir avec de la colle forte entre deux petits bâtons couchés & liés sur le cartouche, qui soutiennent chaque Panaçeau;
ces Fusées se tirent sur un espéce de Gué-
ridon; quatre bâtons qui sont plantés dessus, entre lesquels on place la Fusée, servent à la guider dans l'instant qu'elle part.
On ne fait guéres usage de cette invention,
il est beaucoup plus simple & plus sûr de se
servir de Baguettes; on se contente d'en
faire une fois l'expérience.

Le Chevalet est un Poteau que l'on
plante en terre, ou qui est soutenu sur
terre par trois ou quatre arcs-boutans :
Il est traversé tout en haut par une barre
de fer platte, posée sur tranche, sur laquelle on place les Fusées l'une après
l'autre pour les tirer. Il y en a de plusieurs formes, mais le plus simple de tous,
& qui est d'autant plus commode, qu'on
le transporte aisément où l'on veut, est un
grand bâton armé d'un fer pointû par l'un

Pl. 4.
Fig. 5.

Pl. 3.
Fig. 1.

E 3

des

des bouts, qui fert à le picquer dans terre;
On fait traverfer dans le haut une petite
verge de fer, fur laquelle on pôfe la Fufée ;
On peut encore faire entrer à vis cette
verge de fer dans le bois, pour la placer
à telle hauteur que l'on veut, il faut en ce
cas la terminer par une coudure, ou un
anneau, pour avoir de la prife pour la
tourner : Il n'eft pas mal d'en avoir deux,
& d'en placer une enbas, lors qu'il fait
du vent, pour empêcher la queuë de la
Baguette de vaciller, & la Fufée de tomber.

La Fufée en partant ne fait aucun effort par enbas ; ainfi on ne doit pas craindre que la verge de fer ne foit pas affez
forte, il fuffit qu'elle puiffe porter la Fufée. J'en ai tiré quelque fois d'affez groffes fur un couteau picqué dans une perche.

Le Chevalet doit toûjours avoir au
moins fept pieds de hauteur, même pour
les petites Fufées, afin de ne pas rifquer,
d'en être brûlé, fi elles viennent à crever, ou à défoncer.

Lorfque la Baguette eft trop longue,
pour que la Fufée porte fur la barre du
Chevalet, il fuffit de l'appuyer contre.

Il faut débonneter chaque Fufée, dans
l'inftant qu'on la pofe fur le Chevalet, ce
qui fe fait en crevant le papier d'un coup
d'ongle ; on y donne feu avec une lance
placée au bout d'un Porte-feu, qui eft un
léger bâton de cinq à fix pieds, terminé
par une efpéce de porte - crayon, dans lequel entre la lance que l'on y retient, en la
ferrant avec un anneau coulant.

Le

Le vol d'une Fusée peut être dirigé à tel dégré du cercle que l'on veut ; je suppose qu'elle soit placée à 90. dégrés, elle décrira une ligne horifontale , & telle qu'un boulet de Canon ou une flèche; elle aura fucceffivement les trois mouvements qui leurs font propres ; favoir , le direct ou violent , lors qu'elle part ; le courbe , ou compofé, lorfque le maffif brûle ; & le naturel, ou perpendiculaire, après qu'elle a jetté fa garniture. Si l'on veut lui donner une direction bien certaine , il faut fe fervir du Chevalet représenté Planche 3. Fig. 3., qui porte une divifion de dégrés, & dequoi tenir la Fufée dans tel alignement qu'on veut lui donner. J'en ai quelque fois tiré horizontalement, qui ont fuivi cette direction auffi exactement, que fi elles avoient gliffé fur une corde ; & cela arrivera toujours lors qu'elles feront bien compofées. Avant d'avoir fait cette expérience, je m'imaginois, que la pefanteur de la baguette devoit redreffer la Fufée; mais la violence avec laquelle elle part, furmonte fa pefanteur, & la force à fuivre fa direction.

CHA-

CHAPITRE VIII.

DES FUSE'ES VOLANTES QUI ONT UN EFFET PARTICU- LIER.

PLusieurs Traités de Pirotechnie font mention de divers ingrédiens pour colorer le feu des Fusées, & le rendre verd, jaune, bleu, blanc & d'autres couleurs, que l'on me sauroit peut-être mauvais gré de n'avoir pas rapportés, si je n'en donnois les raisons, qui sont; premiérement, que ces auteurs n'en ayant pas prescrit les doses, il est à présumer, qu'ils n'en ont parlé que par conjecture, ou sur de légéres épreuves; en second lieu, qu'après des essais que j'en ai faits, & réitérés en différentes proportions, j'ai trouvé que la plûpart ne réussissoient pas, & que le peu de changement que j'ai remarqué dans quelques-unes, ne valoit pas la peine & le risque de s'exposer à la vapeur empoisonnée des drogues qui entrent dans ces compositions; qui sont entr'autres, le Sublimé, le Verd de gris, l'Antimoine, le Vitriol & l'Orpiment, qui pourroient causer beaucoup de mal, si une Fusée venant à crever, on en respiroit la fumée; ce qu'il ne seroit guéres possible d'éviter.

Je n'admets pour diversifier les feux, que les matiéres qui ne font point nuisibles;

bles; telles sont la Limaille de fer, & les différentes combinaisons des matiéres principales, savoir, le Soufre, le Salpetre, le Charbon, & la Poudre qui en est composée, qui sont les seules en usage. On employe quelque fois du Camphre dans les compositions lentes, encore ceux qui ajoutent foi à cet axiome, *Camphora per nares castrat odore mares*, se garderont bien de s'en servir.

Voici différentes espéces de Fusées volantes, qui offrent assez de varieté, sans en chercher par des choses nuisibles, qui appartiennent plûtôt à la Chymie, qu'à notre art.

PREMIE'RE ESPE'CE.

L'Eclatante.

DOnnez au cartouche le double de l'épaisseur qu'il doit avoir pour une Fusée volante ordinaire, & diminuez de moitié le diametre & la longueur de la broche qui lui est propre; chargez cette Fusée en feu brillant, dont vous trouverez la composition au Chapitre des Jets; & la garnissez de marons luisans, dont l'éclat reponde à celui de sa queue brillante.

SECON-

SECONDE ESPE'CE.

Fusée à second vol.

Pl. 3.
Fig. 2.
L'Effet de cette Fusée est d'en produire d'autres, après qu'elle a fait son vol, qui montent à une grande hauteur, & jettent leur garniture.

Prenez une Fusée de deux pouces sans garniture, attachez-la sur la baguette, & collez six anneaux de Carton avec de la colle forte sur son cartouche, trois en haut, & trois en bas à égale distance entr'eux; prenez ensuite trois petites Fusées, qui toutes garnies & attachées sur leurs baguettes, ne pésent pas plus que la garniture de la grosse; passez les baguettes dans ces anneaux qui doivent être assez larges, pour qu'elles puissent y entrer & en sortir librement; & posez ces Fusées sur le Carton *rendoublé* de la grosse, avec des étoupilles qui le traversent, & qui communiquent de leur gorge à son massif.

TROISIE'ME ESPE'CE.

La Jumelle.

ATtachez deux Fusées adossées sur une même baguette, assez forte & assez longue
pour

pour être en équilibre à la mesure ordinaire, ou bien attachez ensemble deux Fusées garnies chacune de leur baguette, & mettez une étoupille de communication de l'une à l'autre, pour qu'elles prennent feu en même tems : L'effet de ces Fusées, qui paroissent n'en faire qu'une, est de donner beaucoup de feu & une belle garniture ; on en peut joindre un plus grand nombre.

QUATRIE'ME ESPE'CE.

La Flamboyante.

PRenez de la composition d'étoiles, & la détrempez avec assez d'eau pour la rendre en consistance de bouillie bien claire, trempez dedans des étoupes, & après qu'elles seront bien séches, poudrez-les d'un peu de poussier, & couvrez-en entiérement une grosse Fusée, ensorte qu'elles pendent même un peu au-dessous de la gorge, pour faire un continuité de feu avec sa queuë. Mettez-en une assez grande quantité pour faire un gros volume de flamme ; liez-les sur la Fusée seulement par le milieu avec un fil de fer : Commencez par mettre le feu aux Étoupes, qui le communiqueront dans l'instant à la gorge de la Fusée par une Étoupille : Vous lui ferez porter pour garniture des Marons, ou Petards qui la termineront par une belle Escopéterie.

copéterie. La Fusée doit auffi être liée fur
la baguette avec du fil de fer, attendu que
la ficelle brûleroit.

CINQUIE'ME ESPE'CE.

*Fufée qui porte pour garniture, vive
le Roi, en lettres de feu.*

Pl. 4.
Fig. 1.
DE'coupez vos lettres dans une bande de
carton, de maniére qu'elles tiennent
par en haut & par en bas à une bordure
qui forme un parallélograme qui les unit &
les renferme ; attachez fur les bordures
deux morçeaux de baleine pour donner
du reffort au carton ; prenez de l'Etoupille faite avec de la compofition d'Etoiles,
entourez - en vos lettres, enforte qu'il n'y
ait aucun endroit qui n'en foit couvert ; re-
couvrez - les enfuite d'Etoupille prompte
qui fervira à communiquer le feu par tout.

Prenez une Fufée de deux pouces au
moins, fans être garnie ; attachez - la fur
une baguette qui doit l'excéder & la fur-
paffer de la hauteur du parallélograme, que vous clouerez deffus ; ayez attention que votre baguette fe trouve
entre deux lettres, pour ne point cacher
le feu, qui doit être vû de l'un & de l'autre côté, & de faire trouver votre parallélograme en équilibre dans l'endroit où
vous voulez le clouer, en attachant quelque

que chofe de lourd à la bordure du bout le plus léger, ce qui eft abfolument effentiel, pour que la Fufée monte droit.

L'ayant donc cloué fur le bout de la baguette qui déborde la Fufée, tournez-le en rond, de telle forte qu'il ne tienne pas plus de volume qu'auroit fait le pot de la Fufée; & pour le maintenir dans cet état, attachez-le par le milieu avec une Etoupille prompte, qui recevra le feu de la gorge de la Fufée par une Etoupille lente de communication; vous ferez cette Etoupille lente, en mettant deux onces de Soufre fur la livre de Pouffier.

Vous pouvez vous paffer de couvrir vos lettres d'un Chapiteau, mais fi vous voulez y en mettre un, il faut le percer de trois trous, dans lefquels vous pafferez trois Etoupilles qui vous ferviront à le lier deffus; vous ferez joindre ces Etoupilles à celles qui entourent les lettres, afin que le même feu qui les développe, détache auffi le Chapiteau; ayant donné feu à la Fufée, il fe communiquera à l'Etoupille lente, après qu'elle aura fait la moitié de fon vol, & à celles qui lient les lettres & le Chapiteau, les baleines n'étant plus retenuës, fe déployeront, & vous verrez monter en l'air des caractéres de feu: on peut de la même maniére repréfenter des Armoiries, ou tel autre deffein que l'on jugera à propos, pourvû qu'il n'excéde pas le poids & la hauteur que la Fufée peut porter.

Plufieurs

Plufieurs de ceux qui ont écrit fur l'artifice, nous ont donné la maniére de faire paroitre en l'air des caractéres de feu ; mais le fuccès en eft fi douteux, que l'on ne doit pas s'étonner, comme l'un d'eux a fait, que l'on ne l'exécute pas plus fouvent. Ils prefcrivent de rouler le parallélograme, & de le mettre dans le Pot de la Fufée fur de la Poudre grainée, qui le chaffe en l'air. Il ne faut pas être bien expérimenté dans l'art, pour juger que c'eft le plus grand hazard du monde, que ces lettres chaffées avec violence, fe préfentent dans une fituation horifontale, & qu'elles s'y maintiennent en retombant, quoi qu'on ait pris la précaution d'attacher du plomb aux coins d'enbas.

SIXIÉME ESPÉCE.

Fufée qui porte une Girandole pour garniture.

Pl. 4. Fig. 4. 3. & 4. FAites tourner un Pivot de bois de douze à quinze lignes de hauteur, & de fix lignes de diametre, dont le pied ait fix lignes d'épaiffeur, & de diametre celui du cartouche au-deffus du carton *rendoublé*, dans lequel il doit entrer & y être collé de Colle forte. Ce Pivot Planch. 4. Fig. 3. eft l'axe fur lequel la Girandole doit tourner.

Faites

Faites faire une autre piéce Fig. 4. que j'appelle un Tourniquet à un tenon, pour le distinguer de ceux qui en ont deux ; il est percé au milieu d'un trou pour recevoir l'axe sur lequel il doit tourner. Chargez un jet en brillant sur un culot sans broche , dont le trou de la gorge soit bouché avec un tampon de papier bien frappé dedans ; L'ayant collé sur le tenon qui doit entrer dedans de la profondeur d'un diametre ; percez - le à côté un peu au - dessous du tampon, avec un Poinçon à arrêt , de la grosseur de la pointe du Culot qui lui est propre : Posez ensuite votre Girandole sur son Essieu , dans lequel vous percerez un trou pour la retenir avec une petite clavette de bois ; puis ayant mis du Poussier dans le trou du jet , que j'appelle trou de Lumiére , collez - y une Étoupille , & la conduisez à la gorge de la Fusée , qui y donnera feu en partant , & vous verrez tourner la Girandole pendant que la Fusée montera.

Voici une autre maniére plus simple de faire porter une Girandole à une Fusée volante. Prenez un Cartouche de la longueur de celui de votre Fusée , & un peu moins gros ; frappez dedans un tampon pour en boucher l'étranglement ; chargez-le en brillant , & le fermez avec un tampon sur lequel vous *rendoublerez* la moitié de l'épaisseur du Cartouche , afin de pouvoir mieux l'étrangler ensuite ; percez un trou de Lumiére à côté de chaque bout

Pl. 4.
Fig. 6.

de

de votre jet , l'un à droite & l'autre à
gauche un peu au - deſſous du tampon ; L'ayant ainſi préparé , poſez - le
horizontalement ſur le maſſif de la Fuſée
volante , après que vous en avez *rendoublé*
le carton , & l'y attachez par le milieu
avec de bonne ficelle bien collée de Colle forte ; amorcez les deux trous de Lumiére , y plaçant une Etoupille dans chacun , qui vienne rendre à la gorge de votre Fuſée ; collez du papier tant ſur les
amorces & Etoupilles , que ſur la ficelle
qui lie le jet à la Fuſée , & l'attachez ſur
ſa baguette ; y ayant donné feu , vous
verrez une Girandole très brillante , qui
étant emportée par la Fuſée & lui com-
muniquant ſon mouvement , la forcera de
monter en ſpirale.

SEPTIE'ME ESPE'CE.

Fuſée qui porte un Soleil fixe.

FAites tourner un morceau de bois comme la Fig. 7. Pl. 1. le repréſente , de
groſſeur proportionnée à la Fuſée , &
qui ne péſe pas plus avec les jets , que
feroit la garniture ordinaire ; percez trois
trous de la profondeur du diametre de
vos jets dans la partie A. , & trois trous
dans la partie B. , qui partagent le Cilindre qu'elles compoſent en ſix parties égales ,

les, donnez-lui le moins de diametre que vous pourrez, pour ne point trop charger votre fusée; il suffit que les jets y entrent d'un diametre pour bien tenir, y étant collés avec la Colle forte; collez ensuite la partie C., qui porte le Cilindre sur le carton rendoublé, puis mettez une Etoupille de communication d'un jet à l'autre, & une autre Etoupille lente qui communiquera de la gorge de la Fusée à l'un des jets; vous en verrez l'effet lorsque la Fusée aura fait la moitié de son vol.

HUITIE'ME ESPE'CE.

Fusée qui porte un Soleil tournant.

LA Fig. 8. Pl. 4. représente un Axe, dont les parties A. & B. portent chacune un Tourniquet garni d'un jet chargé en brillant, & percé à côté. La partie C. de l'Axe est faite pour entrer dans le vuide du Cartouche au-dessus du carton *rendoublé*, où elle doit être collée. Vous placerez une Etoupille lente de communication du trou de Lumiére de vos jets à la gorge de la Fusée, qui leur donnera feu.

On trouvera dans le Chapitre qui traite des différentes espéces de Soleils, une plus ample explication de ceux qui sont employés ici pour garnir des Fusées volan-

volantes , dont je n'ai parlé qu'en abrégé , pour éviter une repetition inutile.

NEUVIEME ESPE'CE.

Fusée qui porte un tourbillon de feu.

Pl. 5.
Fig. 1.

COllez sur le carton *rendoublé* de votre Fusée un Pivot comme celui de la sixiéme espéce, qui donne entrée à un Tourniquet à deux tenons, garni de deux jets chargés en brillant, lesquels soyent percés sur le côté d'un trou de lumiére, un peu au-dessous du tampon qui bouche la gorge. Observez de ne les pas percer du même côté, l'un doit l'être à droite & l'autre à gauche, pour leur donner un mouvement de roxation sur l'Axe ou Pivot. Outre ce trou, percez encore à chacun des jets deux trous par dessous à égale distance, qui servent à faire monter le Tourbillon ; mettez du Poussier dans les six trous, & conduisez une étoupille de l'un à l'autre, sur lesquels vous l'arrêterez avec un peu d'amorce ; Collez-y deux petites baguettes qui le croisent. Posez ensuite votre Tourbillon sur son axe ; percez le massif de la Fusée à côté , & y placez une étoupille qui communique & donne feu aux jets , qui, se détachant du pivot qui les porte , s'éléveront en l'air en tournant.

Voyez le Chapitre 16. des Tourbillons de feu.

DIXIE'ME

DIXIE'ME ESPE'CE.

Le coup de Tonnerre.

MEttez dans le fond du Pot d'une Fusée de trois pouces, une cornée de Poussier; posez dessus, & au milieu du Pot, un gros Lardon de six lignes de diametre intérieur, & de quatre à cinq pouces de longueur, chargé entierement de composition de Lardons, sans Petard au bout; remplissez le vuide qui est autour jusqu'à moitié de sa hauteur, de la composition suivante.

Pl. 4.
Fig. 9.

	Livres.	onces.	gr.
Salpêtre.	0.	8.	0.
Poussier.	0.	8.	0.
Soufre.	0.	8.	0.
Resine.	0.	8.	0.

Le tout bien tamisé & mêlé, ne la foulez qu'un peu par dessus, & seulement pour empêcher qu'elle ne balotte dans le pot, & ne se mêle avec la chasse; Rognez votre Pot à la hauteur de la composition, & le couvrez d'une rotule de carton percée au milieu pour passer le lardon, & la collez dessus avec des bandes de papier, qui joignent le Lardon à la rotule, & la rotule au Pot : Posez un Chapiteau dessus, collé à l'ordinaire, puis attachez deux gros

F 2   Saucissons

Saucissons sur le corps de la Fusée, joignant
le Pot, lequel vous percerez de deux trous,
pour que le feu de la Chasse puisse le communiquer aux Saucissons par deux étoupilles, l'une lente & l'autre prompte,
pour qu'ils ne partent pas en même tems,
& fassent deux coups. Attachez ensuite sur
le travers de votre baguette, à l'opposite
de l'endroit où elle joint sur le cartouche,
sept Petards, ou petits Saucissons, de maniére que la gorge de l'un soit tournée
contre l'extrémité opposée de l'autre, pour
qu'ils ne prennent pas feu en même tems.
Mettez une étoupille de communication
de l'un à l'autre, qui aille rendre à la Chasse du Pot; couvrez-les d'un papier collé,
ainsi que les gros Saucissons, pour que le
feu ne s'y porte point avant que la Fusée
ait fait son vol; vous verrez alors un é-
clair formé par la composition dont le
Pot est rempli, du milieu duquel sortira
le foudre représenté par le Serpenteau;
les deux gros Saucissons imiteront deux
coups de tonnerre; & les Petards feront
les éclats que l'on entend lorsque le tonnerre est proche. Il faut, en chargeant
le Lardon, mettre une petite pincée de
poudre grainée sur chaque charge, & le
pancher en la versant, afin qu'elle se trouve toute d'un côté; à la seconde charge on
le panchera du côté opposé, & ainsi des
autres. Cela sert à changer la direction du
Lardon, & à lui faire faire le Zigzag que
l'on remarque dans le Foudre.

ONZIE'ME

ONZIE'ME ESPE'CE.

La Spirale.

LA fig. 10. Pl. 5. repréfente la pofition des deux Fufées qui la forment fur la baguette qui leur eft commune.

L'effet de cette Fufée eft de monter droit en tournant en Spirale ; fon afcenfion perpendiculaire eft l'effet des directions & impreffions de mouvement également oppofées & fortes des deux Fufées, qui la forcent, fuivant les régles du mouvement, à tenir le milieu entre ces deux directions; Et fon mouvement de rotation eft produit par leur preffion en fens contraire fur la baguette qui la force à tourner.

A & B font des Porte-feux, dans lefquels on renferme une étoupille, pour communiquer le feu en même tems aux deux Fufées.

C & D font deux morçeaux de bois, collés de colle forte entre la baguette & les Fufées, pour les foutenir; elles portent un gros maron pour garniture, qui reçoit le feu du maffif auquel il communique par une étoupille.

F 3   CHA-

CHAPITRE IX.

DE DIFFE'RENS ARTIFICES PROPRES A GARNIR LES FUSE'ES VOLANTES.

ARTICLE PREMIER.

Des Lardons & Serpenteaux.

Pl. 2.
Fig. 18.
19. *&*
20.

LEs Lardons font fait d'une, de deux, ou de trois cartes, comme il a déja été dit dans le Chapitre des Cartouches ; ceux d'une carte s'appellent Vétilles , ils ont trois lignes de diametre intérieur ; à deux cartes on leur donne trois lignes & demi ; & à trois cartes quatre lignes ; ceux qui ont un plus grand diametre, doivent être faits en carton; on leur donne d'épaiffeur le quart du diametre de la baguette fur laquelle on les roule, lors qu'ils font chargés de la premiére des compofitions fuivantes ; & le cinquiéme lors qu'on employe la feconde , qui eft moins vive, & qui convient dans certains cas ; leur hauteur eft de fix à fept diametres extérieurs.

Compofi

Composition pour les Lardons.

	Livres.	onces.	gr.
Pouſſier. . . .	2.	0.	0.
Salpêtre. . . .	1.	0.	0.
Aigremore. . .	0.	8.	0.
Soufre. . . .	0.	4.	4.

Autre moins vive.

	Livres.	onces.	gr.
Salpêtre. . . .	2.	12.	0.
Aigremore. . .	1.	0.	0.
Soufre. . . .	0.	4.	0.

La Vétille doit être néceſſairement chargée de la compoſition en Poudre, celle en Salpêtre brûleroit lentement & ſans l'agiter.

On la charge dans une eſpéce de Boiſſeau un peu moins haut que les Cartouches, de la maniére qui ſuit.

Vos Cartouches étant étranglés & liés, arrangez - les tous droits dans le Boiſſeau, autant qu'il y en peut tenir, étant bien ſerrés les uns contre les autres, mettez un tampon ſur chacun, & les enfoncez & frappez avec la baguette ; verſez dedans de la Poudre avec une plume, qui en doit contenir autant qu'il eſt néceſſaire pour les remplir juſqu'à la moitié de leur hauteur ; répandez enſuite de la compoſition deſſus, & l'épanchez avec la main ou une carte ſur tous les Cartouches, en frappant un peu contre, pour la faire

entrer.

entrer. Les ayant ainſi tous remplis, prenez la baguette à charger, & un petit maillet, & les frappez de huit à dix coups chacun; répandez encore de la compoſition deſſus, & achevez de les remplir de la même maniére, à la reſerve d'un diametre pour les étrangler. Retirez-les du Boiſſeau, & les ayant étranglés, ouvrez le trou de l'étranglement avec une petite pointe de fer de quatre à cinq lignes de longueur, ſur une ligne d'épaiſſeur dans ſa baſe; coupez de l'Etoupille en petits morceaux, & les amorcez, non pas l'un après l'autre, mais prenez-en une douzaine dans votre main; répandez dans leur gorge un peu de compoſition pour remplir le trou que la pointe y a fait; prenez un peu d'amorce au bout du doigt, touchez-en un brin d'Etoupille qui s'y attachera, & le portez avec l'amorce dans la gorge de l'une des Fuſées qu'il doit excéder d'environ un diametre, pour y donner feu plus facilement.

Les tampons ſont des petites boules de pâte de papier, que l'on forme en les roulant dans les doigts; on met tremper dans de l'eau des rognures de carton, ou de papier, que l'on ramaſſe dans le Magaſin pour cet uſage; & lors qu'ils paroiſſent bien maniables, on en forme des tampons que l'on n'employe que bien ſecs.

On peut ſe paſſer de Boiſſeau, il ſuffit d'arranger la même quantité de Cartouches en rond, & de les lier bien fermes enſemble.

Il

Il y a des Artificiers qui mettent un grain de Vesce entre la composition & la Poudre, ou un poids rond, lorsque les Lardons sont gros, dont l'effet est de faire peter plus fort la Fusée, & voici comment. La Poudre, dans l'instant qu'elle prend feu, chasse ce grain de Vesce contre la gorge dont il bouche le trou, alors la Poudre qui ne prend air par aucun endroit, créve & éclate le Cartouche avec bruit. Je ne désaprouve point cette pratique pour la Vétille & les petits Lardons au-dessous: mais il est très-inutile d'en mettre aux Lardons au-dessus, qui contiennent assez de Poudre pour rompre le Cartouche avec beaucoup de bruit. Je n'en mets point dans la Vétille; mais je la charge avec de la Poudre fine, & elle fait en crevant autant de bruit, parce qu'elle a plus de force que la grosse, & qu'il y en entre plus, à cause que les interstices sont moins grands, & que le grain de Vesce ne laisse pas de tenir de la place.

On fait aussi de petits Lardons en papier pour tirer dans les chambres, ou pour en garnir de fort petites Fusées. Coupez une feuille de papier en trente-deux, ou en soixante-quatre, formez-en autant de Cartouches, en les roulant sur un morceau de fil de fer, dont la grosseur est proportionnée à leur longueur; servez-vous d'une corde à boyeau pour les étrangler, & chargez-les dans un petit Moule, dont le Culot ne porte point de broche;

F 5   mettez

mettez entre la compofition & la Poudre une graine de rave, ou quelqu'autre plus groffe ou plus petite, fuivant le diametre de la Fufée, en obfervant qu'elle doit y entrer librement, afin que le feu puiffe fe communiquer à la Poudre, ce qui n'arriveroit pas, fi elle bouchoit exactement le Cartouche; chargez-les de la compofition que j'ai donnée pour les petites Fufées volantes en papier, qui ne différent de ces Lardons que par les baguettes qu'on y attache. Vous les remplirez avec une petite plume, ou en les appuyant fur la compofition; il y en entrera affez pour chaque charge.

Les Lardons à deux, à trois cartes, & au-deffus, fe chargent fans moule fur un Culot, qui porte une pointe de cinq à fix lignes, épaiffe dans fa bafe du tiers du diametre intérieur du Cartouche. On commence par les charger jufqu'à moitié en compofition; on met enfuite la Poudre grainée, & un tampon par deffus, puis on les étrangle & amorce, ainfi qu'il vient d'être dit pour la Vétille.

Lorfque les Lardons font chargés en brillant; on les appelle Serpenteaux; Il y en a encore d'une autre efpéce, qui doivent auffi être chargés en brillant, que l'on nomme Serpenteaux brochetés, parce qu'ils font chargés fur une broche de la longueur du tiers du Cartouche; L'air qui fe dilate dans le trou de la broche, les agite beaucoup. Il faut donner un peu plus de force au Cartouche; on les fait
ordi-

ordinairement à trois cartes, & du calibre des Lardons à trois cartes ; l'effet en eſt fort beau ; on en fait particuliérement uſage pour les Pots à aigrette, que l'on en garnit.

ARTICLE II.

Des Fougues.

ON apelle Fougues, de petites Fuſées volantes ſans baguette, comme Partement, ou petit Partement, dont on garnit les groſſes Fuſées. Leur effet eſt de s'agiter beaucoup en l'air ; on les termine par un maron collé ſur le carton *rendoublé*.

ARTICLE III.

Des Etoiles.

CE n'étoit pas autrefois un petit ouvrage que de former des Etoiles. On enveloppoit la compoſition dans un linge, ou dans du papier plié en pluſieurs doubles, & lié bien ferme, que l'on perçoit enſuite pour les enfiler dans une Étoupille. On les fait aujourd'hui d'une maniére bien plus ſimple, & dont l'effet eſt au moins auſſi beau.

Ayez

Ayez un petit inftrument , que l'on appelle Moule à Etoile, comme les Fig. 10. & 11. Pl. 4. le repréfentent. Détrempez la compofition ci - après avec de l'eau; formez - en une pâte , & vous fervez de votre Moule , qui , en l'appuyant deffus, formera dans une virole de fer blanc qu'il porte , un petit rond de pâte , percé au milieu par une petite broche de fer placée dans le centre du Moule. Ayant ôté la virole de deffus , faites - en tomber doucement l'Etoile fur une feuille de papier, en la pouffant avec le manche du Moule, qui doit être fait pour y entrer aifément; par ce moyen vous ferez en fort peu de tems une grande quantité d'Etoiles. Quand elles font bien féches , enfilez - les dans de l'Etoupille , & les féparez un peu de fix en fix; coupez l'Etoupille dans ces féparations , & arrêtez - la avec de l'amorce fur la premiére & fur la fixiéme Etoile de chaque pacquet : L'amorce étant féche , ferrez - les dans une boëte, & n'oubliez pas , avant de les mettre dans le Pot de la Fufée , de les paffer dans du pouffier, pour qu'elles prennent feu plus fubitement. Voici la compofition dont l'ufage eft le plus général.

	Livres.	onces.	gr.
Salpêtre.	1.	0.	0.
Soufre.	0.	8.	0.
Pouffier. . . .	0.	4.	0.

On donne communément aux Etoiles

les sept lignes de diametre sur quatre lignes d'épaisseur ; Lors qu'elles sont plus grosses, l'effet n'en est pas si beau, parce qu'elles retombent trop bas.

ARTICLE IV.

De la pluye de feu.

MOulez des Cartouches de papier sur une petite baguette de fer, de deux lignes & demi de diametre , & donnez-leur deux pouces, à deux pouces & demi de longueur ; étranglez-les par un bout ; & comme il y reste presque toûjours un petit trou, par où le feu de la chasse pourroit s'insinuer , & les brûler par les deux bouts, frappez un petit tampon de papier dans chacun pour les boucher ; chargez-les ensuite en trois ou quatre fois de composition à deux onces de Charbons sur la livre de poudre, que vous y ferez entrer avec une plume ; frappez-les sans Moule ni culot, en les tenant à la main comme on fait les Lances ; cela va beaucoup plus vîte que dans un Moule. Lors qu'ils sont remplis, amorcez-les sans y mettre d'Etoupille ; mais pendant que l'amorce est fraîche , posez-les légérement sur du poussier qui s'y attachera , & servira à leur faire prendre feu plus subitement.

Cette garniture qui remplit l'air de feux ondoyant, est fort belle , & sert égale-

ment

ment pour les petites , comme pour les groffes Fufées. Si vous voulez qu'ils ferpentent, & s'agitent en l'air, vous n'avez qu'à les étrangler ; mais lors qu'on en veut garnir plufieurs Fufées , je ne confeille pas d'y faire tant de façon.

Pour moi je ne les étrangle ni par un bout ni par l'autre; je tortille fimplement le Cartouche par l'un des bouts, je mets enfuite la baguette dedans, & je frappe quelques coups à vuide pour lui faire prendre le plis; je le plonge dans la compofition, il en prend autant qu'il en faut pour chaque charge, puis je le frappe en l'appuyant fur une table ; & après qu'il eft chargé, je l'amorce comme il eft dit ci-deffus. Cela eft beaucoup plus court que de les étrangler, & en fort peu de tems j'en fais une affez grande quantité.

ARTICLE V.

Des Marons.

Pl. 2.
Fig. 22. UN Maron d'artifice eft fait avec un Parallelograme de carton, dont un des côtés eft à l'autre , comme trois à cinq, pour que l'on puiffe y former quinze carrés égaux entr'eux, trois fur une face , & cinq fur l'autre : on le plie enfuite en forme de dez à joüer, ou de cube que l'on remplit de poudre.

pour

Pour tracer & couper juste ce carton, ayez une planche, sur laquelle les carrés soyent tracés avec un trou à chaque angle, qui sert à les marquer sur le carton. Ayant donc posé votre planche dessus, tracez avec un poinçon le Parallelograme qu'elle forme, puis à travers les trous, marquez les angles des carrés ; tirez ensuite des lignes suivant ces points, tant en long, qu'en large ; vos quinze carrés se trouveront formés. Coupez ensuite votre carton suivant ces lignes dans les endroits tracés double à la fig. 1. pl. 7., & lui faites prendre la forme d'un cube ; emplissez-le de grosse poudre, & le couvrez entiérement de ficelle, trempez-le ensuite dans de la colle forte, couvrez-le d'un second rang de ficelle, que vous collerez de même ; & ainsi jusqu'à quatre fois. Laissez-le ensuite bien sécher ; lorsque vous voudrez le tirer, vous le percerez par un coin avec un poinçon, & introduirez une étoupille dans le trou, que vous y collerez avec un peu d'amorce, laquelle servira à y donner feu.

On en fait d'aussi grands & d'aussi petits que l'on veut : On y proportionne le carton, la grosseur, & le nombre des rangs de ficelles dont on les couvre.

Les gros, qui contiennent ordinairement une livre de poudre, tiennent lieu de boëtes de Metal, que l'on tire dans les réjoüissances publiques, & font au moins autant de bruit ; Il faut y placer au lieu d'étoupille, un petit Porte-feu de composition lente, afin d'avoir le tems de

s'en

Pl. 7.
Fig. 1.

s'en éloigner , pour éviter les éclats, qui font dangereux , lors qu'on leur donne cette grosseur.

Les petits Marons servent à garnir des Fusées , pour faire une belle escopéterie; leur effet est particuliérement beau dans les grandes caisses , lors qu'on en garnit une partie des Fusées qui les composent.

ARTICLE VI.

Des Saucissons.

Pl. 3.
Fig. 4.

ILS ne différent des Marons que par la forme , l'effet en est le même. Moulez des cartouches de tel calibre que vous voudrez : ne leur donnez que trois diametres de haut , & faites-les moins épais que pour la Fusée volante , afin de pouvoir les étrangler , lors qu'ils font chargés. Etranglez-les dabord par un bout , & tâchez de les fermer entiérement ; frappez un bon tampon de papier dedans , & le chargez de poudre grainée ; mettez un tampon de papier par dessus bien serré à la main avec la baguette ; étranglez-le ensuite , & rognez ce qui excéde la ligature de l'étranglement , comme inutile ; après quoi couvrez-le de deux ou trois rangs de ficelle , collée de colle forte , comme il vient d'être dit pour les Marons ; & lors qu'il sera fec , vous le percerez par l'un des bouts , & l'amorcerez de même.

On

On les emploïe pour terminer certains artifices, comme Lances, Jets & autres. On peut aussi en garnir des Fusées, & même en mêler avec d'autres garnitures ; il y a des cas, où ils conviennent mieux que les Marons, à cause de leur forme cilindrique.

ARTICLE VII.

Des Etoiles à Pet.

CE sont de petits Saucissons, auxquels on laisse une gorge longue d'un diametre, que l'on remplit de composition d'étoiles en pâte, sur laquelle on colle un petit bout d'étoupille avec de l'amorce. Il ne faut point oublier, après qu'ils sont chargés en poudre, & percés, de remplir le trou de la gorge de Poussier, pour que le feu de l'étoile, en finissant, se communique à la poudre grainée : On les couvre seulement d'un rang de ficelle.

ARTICLE VIII.

Des Marons luisans.

PRenez des petits Marons étoupillés, couchez l'étoupille sur un des côtés, & l'y collez avec de l'amorce ; puis quand elle
G

est

eſt ſéche, couvrez vos Marons de Pâte
d'étoile d'environ deux lignes d'épaiſſeur;
& pendant qu'ils ſont encore humides
roulez-les ſur du Pouſſier qui s'y attachera, & leur ſervira d'amorce.

ARTICLE IX.

*Globe d'artifice dont on peut garnir
une Fuſée.*

MOulez ſur une boule de bois deux Hémiſphéres de pâte de papier (comme il
eſt dit dans le Chapitre des globes) de grandeur proportionnée au Pot d'une groſſe
Fuſée, dans lequel le globe doit entrer:
Empliſſez-les de Marons luiſans, & mêlez parmi de la compoſition des chaſſes de
Pots à feu, tant pour leur donner feu,
que pour faire crever le globe avec bruit.
Rejoignez vos deux Hémiſphéres avec de
la colle forte, puis collez des bandes de
papier avec de la colle de farine ſur la
ſciſſure; percez-y un trou avec un poinçon, & y faites entrer une étoupille le plus
avant que vous pouvez; couchez-en le
bout ſur le globe, & l'y arrêtez avec de l'a-
morce; couvrez-le enſuite de pâte d'étoiles de l'épaiſſeur de deux lignes, & collez deſſus deux bandes de papier en croix
pour empecher, qu'elle ne s'en détache.
Poudrez-la, pendant qu'elle eſt fraiche,
d'un

d'un peu dePouſſier, pour lui ſervir d'amorce ; & lorſque votre globe ſera bien ſec,
mettez-le ſur une chaſſe dans le Pot de votre Fuſée.

Vous aurez une belle garniture, qui
formera un globe de feu très-luiſant, qui,
en ſe diſſipant avec bruit, paroîtra ſe partager en d'autres petits globes, dont l'effet ſe terminera par une belle eſcopéterie.

On peut couvrir ce globe de roche à
feu, ſi on le trouve plus commode. C'eſt
une compoſition fonduë, qui s'employe
avec un pinçeau, & qui devient fort dure,
lors qu'elle eſt ſéche, ſon feu eſt auſſi lumineux que celui de la compoſition d'étoiles.
On trouvera la maniére de la préparer,
dans le Chapitre deuxiéme des feux d'artifices pour la guerre.

CHAPITRE X.

DES POTS A' FEU.

LES Pots à feu ſont des cartouches de
carton, dont le diametre & l'épaiſſeur ſont proportionnés à la groſſeur
des ſept Lardons qu'ils doivent contenir.
On n'en met ordinairement que ce nombre, qui s'arrange en rond mieux qu'aucun autre, & remplit exactement l'intérieur du Pot, auquel on donne cinq à
ſix diametres de hauteur. On le moule
comme les cartouches des Fuſées volan-

Pl. 3.
Fig. 5.
& 6.

G 2

tes,

tes, mais moins épais à proportion ; il suffit qu'il puisse résister à l'effort de la chasse sans crever. La façon de les étrangler, est un peu différente : Il faut ménager un trou dans la gorge, à pouvoir y passer le Porte-feu, & au lieu d'une petite écuelle qui termine la gorge des Fusées, il faut former quatre angles, ou quatre plis, avec le carton qui excéde l'étranglement, qui servent à arrêter la ligature, tant de l'étranglement, que du Porte-feu.

Pour faire la chasse des Pots, que l'on appelle aussi le sac à poudre, coupez autant de morçeaux de papier que vous voulez faire de chasses ; prenez le cilindre, sur lequel vous avez moulé vos Pots : Posez votre quarré de papier sur l'un de ses bouts ; & en le maniant & pressant dessus, faites-lui prendre la forme cilindrique.

La composition dont on se sert pour faire les chasses, est

Livres. onces. gr.
Relien. . . . . 1. 0. 0.
Aigremore. . . 0. 4. 0.

Mettez-en dans chacun des papiers à-peu-près la hauteur de huit à neuf lignes, sans être foulée, ou la septiéme partie de la pesanteur de la garniture ; placez votre Porte-feu au milieu, qui est un cartouche formé de deux cartes roulées par le côté le plus étroit sur une petite baguette de fer de deux à trois lignes de diametre ; passez une étoupille dedans, & l'y arrêtez par les deux bouts avec de l'amorce ; cette étoupille doit excéder le
car-

cartouche d'environ huit lignes de chaque côté. Ayant donc posé votre Porte feu dans le sac à Poudre, faites joindre le papier tout autour, en l'applatissant sur la composition, ensorte qu'il conserve sa forme ronde, & ait à-peu-près celle d'un Champignon; Liez-le sur le Porte-feu avec du fil, & rognez le papier qui excéde la ligature; faites entrer votre chasse dans le Pot, le Porte-feu le premier; & comme elle n'y entre que bien juste, enfoncez-la avec une baguette un peu moins grosse que celle à rouler, qu'on appelle le repoussoir: si le Porte-feu n'enfile pas bien droit le trou de l'étranglement du Pot, redressez-le avec un poinçon; & lors qu'il est bien vis-à-vis, enfoncez hardiment la chasse, jusqu'à-ce qu'elle joigne le fond du Pot; Après quoi liez bien ferme l'étranglement, de maniére que la ficelle, en la faisant passer sur chaque angle du carton qui excéde l'étranglement, embrasse le Porte-feu, pour le lier & unir au cartouche; Entortillez-la autour d'un petit bâton que vous tiendrez dans votre main, pour la mieux serrer, & terminez votre ligature par le nœud de l'Artificier. Prenez ensuite un long poinçon fort menu & aigu, que l'on appelle *Pique-Chasse*; piquez-en le sac à poudre de sept à huit petits trous; répandez un peu de poussier dessus, & placez-y vos sept Lardons : Mettez avec le repoussoir un tampon de papier chiffonné dessus, crainte qu'ils ne se dérangent, puis fermez le Pot avec un rond de papier

G 3

double,

double., collé & bordé d'une bande ; Collez-en aussi une sur la ligature de l'étranglement. Vos Pots en cet état sont prêts à être posés sur le *Brin*, qui est le nom que les Artificiers donnent à une barre de bois préparée pour les porter. En la supposant de six pieds de longueur, donnez-lui deux pouces & demi de largeur sur deux pouces d'épaisseur ; Percez des trous de cinq à six lignes de diametre sur sa largeur pour y placer les Pots, en faisant entrer le Porte-feu dedans, & à telle distance les uns des autres, qu'il n'y ait entre chaque Pot, que trois ou quatre lignes d'intervalle ; donnez à ces trous dix lignes de profondeur, faites une rainure demi-ronde par dessous la barre, à pouvoir coucher dedans un Porte-feu de carte, sans qu'il déborde, & percez des petits trous de deux à trois lignes de diametre, qui communiquent de la rainure dans les grands trous.

Il y a deux façons de le garnir ; l'une pour faire partir les Pots tous à la fois, & l'autre que l'on appelle *à Ordonnance*, pour qu'ils ne partent que l'un après l'autre.

Pour la premiére, commencez par poser une Etoupille dans la rainure, & l'arrêtez sur chaqu'un des petits trous avec un peu d'amorce ; collez une bande de papier sur la rainure & sur ses ouvertures dans les bouts, ensorte qu'elle soit renfermée, & qu'il faille crever le papier, lors qu'on voudra y donner feu. Retournez vôtre brin du côté des grands trous, mettez

mettez une pincée de Pouſſier dans chacun, & en frappant contre, faites qu'il tombe dans les petits qui y communiquent; mettez un peu de colle forte ſur les Porte-feux de vos Pots, & les placez dans les trous où ils doivent entrer bien juſte ; s'ils forcent trop, ôtez un peu de leur épaiſſeur avec le petit couteau d'Artificier, qui eſt une eſpéce de grand Canif; la colle étant ſéche, votre Brin eſt en état d'être tiré.

On place les Brins ſur le rebord de l'Echaffaut du feu, ou bien ſur des Tréteaux, & on les y attache avec des cordes, ou avec des clous à chaque bout. On y donne feu par l'un des bouts, ou par le milieu, en crevant le papier qui couvre la rainure.

Si vous voulez que vos Pots ne partent que l'un après l'autre, qui eſt la ſeconde maniére de garnir les Brins ; prenez des cartouches de Lardons à deux cartes, ſans être étranglés ; rognez-les à la longueur qui convient, & les chargez de compoſition de Fuſées volantes, qui brûle lentement à cauſe de la petiteſſe du Cartouche ; Etoupillez-les par les deux bouts, & les collez avec de la colle forte dans la rainure entre chaque trou, ſur lequel vous arrêterez leur Etoupille avec de l'amorce. Collez une bande de papier ſur la rainure, & du reſte faites comme il eſt dit ci-deſſus.

Après que vos Pots ont tiré, ayez-en ſoin ; ils vous ſerviront encore très long-tems ; vous les ôterez de deſſus le

Brin;

Brin ; en les tirant un peu fort ; ils se
sépareront du Porte - feu qui restera collé dans le trou , & vous l'en retirerez,
en versant de l'eau tiéde dessus, qui fon-
dra la colle.

Il y a des Artificiers qui se servent
de Porte - feux de bois , qui durent aussi
long - tems que le Pot , auquel ils restent
toujours attachés. Lorsque l'on en fait
usage , il faut lier une Etoupille dans le
sac à poudre , & lui laisser assez de longueur, pour la passer dans le Pot , &. dans le
porte - feu avant la chasse , que vous pous-
sez après au fond du Pot; puis vous coupez l'Etoupille à huit ou neuf lignes au
dessous du Porte - feu.

CHAPITRE XI.

DES SAUCISSONS VOLANS.

Pl 5.
Fig. 5.
6. & 7.

Moulez des Cartouches de six lignes
de diametre intérieur , & de quatre
pouces & demi de hauteur ; étranglez - les à deux pouces ; passez une longue
Etoupille dans le Cartouche à travers le
trou de l'étranglement ; posez votre Cartouche du côté le plus fort sur un Culot
fait exprès , dont le Cilindre , qui n'a que
six lignes de diametre , & qui se termine
en demi - rond , entre juste dans cette partie de la Fusée , & ait assez de longueur,
pour que l'étranglement porte dessus;
char-

chargez-les à petites charges , de la composition en poudre pour les Lardons ; & à chaque charge , prenez l'Etoupille qui enfile le Cartouche , & la tournez en rond sur la composition , ensorte que quànd le Saucisson sera chargé , l'Etoupille renfermée dans la composition , ait une forme spirale ; laissez-la déborder d'un demi pouce , & amorcez votre Saucisson sans l'étrangler. Quand l'amorce est bien séche , remplissez l'autre partie de poudre grainée , mettez un tampon par dessus , & l'étranglez. L'Etoupille , qui passe dans la gorge , & qui communique à la poudre , servira à y donner feu ; couvrez ensuite d'un rang de ficelle bien collée cette partie qui renferme la poudre.

Vos Saucissons ainsi chargés , mettez-les dans des Pots proportionnés à leur grosseur , & qui ayent deux fois & demi leur longueur pour le moins ; on n'en met ordinairement qu'un dans chaque Pot sur une chasse : ces Pots doivent être arrangés & disposés sur un Brin, comme il a été dit pour les Pots à feu.

Leur effet est de vriller en montant en l'air , & de terminer leur vol par un grand coup. Ce mouvement spiral leur est donné par l'Etoupille contournée : on peut, pour varier le spectacle, en mettre alternativement un qui vrille , & un autre qui monte droit , étant chargé sans Etoupille.

CHA-

CHAPITRE XII.

DES POTS A' AIGRETTES.

LE pied ou base de ces Pots, Pl. 5.
Fig. 4. & 8. est un rond de bois de
neuf pouces de diametre & de quinze lignes d'épaisseur dans sa partie inférieure, & de six pouces de diametre &
quinze lignes d'épaisseur dans la supérieure, le tout d'une seule piéce réduite sur
le tour dans ces proportions. Moulez
sur un Cilindre de pareil diametre, c'est-
à - dire, de six pouces, un Cartouche de
gros carton de huit feuilles, appellé *carte
en huit*; donnez-lui six à sept lignes d'épaisseur, & environ quinze pouces de hauteur.
Après qu'il est bien sec, collez - le de colle forte, & le clouez sur le rond de bois,
qui lui sert de pied ; chargez un jet en
brillant, qui, étant placé dans le Pot,
en excéde le bord de quatre à cinq pouces.

Prenez une feuille de papier, & moulez un sac à poudre sur le Cilindre de six
pouces, comme il a été dit pour les
Pots à feu ; mettez de la composition des
chasses dans ce sac, à-peu-près la pesanteur
de la douziéme partie de la garniture, ou
environ l'épaisseur de quatre lignes, sans
être foulée ; posez votre jet au milieu, &
liez la chasse dessus, en lui conservant sa
rondeur;

rondeur ; placez enſuite votre chaſſe au fond du Pot , picquez - la de pluſieurs trous , répandez du pouſſier deſſus , & arrangez vos Lardons ou Serpenteaux brochetés au tour du jet , autant qu'il en peut tenir dans le Pot. Mettez quelques chiffons de papier deſſus , pour les maintenir. Après quoi , prenez un morçeau de carton , & tracez deux ronds deſſus , l'un du diametre extérieur du jet , l'autre du diametre extérieur du Pot ; rognez ce qui excéde ce dernier , & quand au premier , donnez ſix coups de ciſeaux dedans , qui le diviſent en ſix parties , & qui en donnant paſſage au jet , ſe relévent contre : couvrez votre Pot avec ce rond de carton , & faites - le bien joindre deſſus & contre le jet , en y collant des bandes de papier brouillard ; bonnetez - le enſuite , pour qu'il ne parte , que quand vous le jugerez à propos.

Si l'on veut rendre les Pots plus forts , il faut les couvrir d'un rang de corde bien collée de colle forte.

Le rebord d'un pouce , que l'on a laiſſé au pied du Pot , ſert à lui donner une baſe plus large , pour qu'il riſque moins de ſe renverſer. Il ſert auſſi à y percer des trous , lors qu'on le tire ſur un Plan incliné , ou qui n'a pas la largeur convenable , pour l'y pouvoir clouër.

CHA-

CHAPITRE XIII.

DES TROMPES.

Pl. 7.
Fig. 2.

UNe Trompe est un assemblage de plusieurs Pots à feu les uns au - dessus des autres , & qui partent successivement ; de maniére que le premier , en jettant sa garniture , donne feu à la composition lente du Porte - feu du second , & ainsi des autres. On en fait à autant de reprises que la longueur du fourreau en peut contenir , mais communément à cinq ou six.

Les Trompes sont peu en usage dans les feux de terre ; on n'en fait guére que pour les tirer à la main , & s'amuser à diriger leur garniture où l'on veut ; mais on les employe beaucoup dans les feux sur l'eau , soit pour faire vomir du feu à un monstre marin , soit pour en former , ce qu'on appelle des Barils de Trompes : en voici la description.

Moulez un fort Cartouche de deux pouces de diametre intérieur , de trois à quatre lignes d'épaisseur , & de vingt pouces de long , qui est la largeur de la *carte en cinq*, ce Cartouche s'appelle le fourreau de la trompe ; montez - le , si c'est pour tirer à la main , sur un pied de bois , fait comme le Piston d'une Seringue , qui entre dedans d'un pouce & demi , & sur

lequel

lequel vous le collez & clouez ; moulez cinq Pots à feux de carton, appellé *carte en trois*, roulé fimple, d'un calibre à pouvoir entrer jufte dans le fourreau, & qui, étant étranglés, n'ayent que la hauteur des Lardons, dont vous voulez les garnir. Moulez quatre Cartouches de carton, du même diametre que les Lardons, & de fept à huit lignes plus long, pour fervir de Porte-feux ; moulez-en un cinquiéme pour le même ufage, à qui vous donnerez une demie longueur de plus, ou environ.

Chargez les quatre premiers, fans les étrangler, en feu commun, ou compofition de Fufées volantes, pour qu'ils durent plus long-tems. Quant au cinquiéme, vous pouvez l'étrangler par un bout, & le charger en brillant comme un jet. Mettez-leur à tous de l'Etoupille & de l'amorce à l'un des bouts, & y attachez un Pot, comme vous feriez fur une Fufée volante ; à l'exception du plus long, qui n'en doit pas porter ; liez une chaffe à chacun des cinq à l'autre bout, & la piquez ; puis prenez des Lardons, arrangez-en fix en rond fur la chaffe, & autour de chaque Porte-feu, & les attachez deffus avec un fil, que vous couperez, en les plaçant dans le Pot.

Il vous refte un Pot, qu'il faut étrangler entiérement, & fans y réferver de trou ; L'ayant lié, coupez ce qui excéde la ligature, & frappez quelques coups de maillet deffus, pour la mettre à l'uni, & que
rien

rien ne déborde. Ce Pot est le premier qu'il vous faut garnir. Mettez dedans une des cinq piéces qui doivent former votre Trompe, qui est composée (comme je vien de le dire, & qu'il n'est pas inutile de repéter) d'un Porte - feu, d'une chasse liée à l'un de ses bouts, d'un Pot lié sur l'autre bout, & de six Lardons attachés autour avec du fil, qui doivent le remplir exactement. Couvrez - le de papier collé, de maniére que le feu du second Pot ne puisse lui être communiqué que par le Porte - feu. L'espace d'environ un demi pouce, qui est entre deux, est réservé pour vous en donner la facilité. Couvrez ensuite ce même espace avec une bande de papier un peu large, qui joigne le premier Pot au second, & forme une continuité. Répandez un peu de Poussier dans le second Pot sur le bout du Porte - feu, qui communique au premier, pour en rendre l'effet plus certain ; puis y posez la seconde garniture, composée des mêmes piéces que la premiére, que vous couvrirez de même ; & ainsi des autres, en observant, que le grand Porte - feu doit être mis le dernier. La Trompe étant séche, placez - la dans le fourreau, & le fermez avec un rond de carton coupé dans le milieu, pour faire passer le bout du Porte - feu, comme pour les Pots à Aigrettes, & le collez bien dessus. Votre Trompe alors est en état d'être tirée. L'effet en sera plus beau, si chaque reprise donne une garniture

ture différente. Vous pouvez y employer les Serpenteaux brochetés , les Lardons , les petits Saucissons volans , la pluye de feu , & même les Etoiles.

Dans les Feux d'Artifices que l'on fait en petit , pour tirer dans une chambre , & que l'on entremêle quelque fois dans un dessert , il ne faut point oublier les petites Trompes , auxquelles l'on donne la forme d'une bougie , en les trempant dans de la cire fonduë , dont un bout de cotton , trempé moitié dans de la Poudre mouillée , & l'autre moitié dans de la cire fonduë , forme la mèche , & sert en même tems d'Etoupille pour allumer le premier Porte-feu : On les sert toutes allumées sur des Chandeliers , & elles ne tardent pas à faire leur effet , qui surprend agréablement , & sans aucun danger.

CHAPITRE XIV.

DES BALLONS D'AIR , DES MORTIERS POUR LES JETTER, ET DES GRENADES D'ARTIFICE.

LE Ballon est une imitation de la Bombe , & se jette de même avec un Mortier , soit de metal , comme ceux de guerre , soit de bois ou de carton , dont il sera parlé ci-après. Les

Pl. 5.
Fig. 2.
3. & 4.

Les Cartouches les plus en ufage pour les Ballons, fe font en carton ; Voici trois differentes maniéres de les former, dont les deux premieres font fphériques, & la troifiéme fphéricilindrique.

CARTOUCHES SPHE'RIQUES.

PREMIE'RE ESPE'CE.

Pl. 7.
Fig. 5.
& 6.

FOrmez une Pelotte de ficelle, en la dévidant fur l'extrémité d'un petit Bâton, qui ait de diametre celui que vous voulez donner à l'œil du Ballon, dont il formera l'ouverture. Votre Pelotte ayant prefque acquis fa groffeur, achevez de la former, en la couvrant de fil pour la rendre plus unie ; frottez-la enfuite de favon, puis collez une quantité fuffifante de morçeaux de papier deffus, pour en former un Cartouche épais d'une vingt-quatriéme partie de fon diametre dans fa partie fupérieure, & d'une dix-huitiéme dans fon inférieure, oppofée à l'œil, qu'on nomme le Culot ; après qu'il aura pris en féchant un peu de confiftance, retirez le petit bâton, vous amenerez avec, le premier bout de la ficelle, qui doit y être attachée, & en continuant de tirer ce bout, vous vuiderez le Cartouche de toute la ficelle & fil qu'il contient.

DEU-

DEUXIE'ME ESPE'CE.

ELle se fait avec de la pâte de papier. pour former cette pâte, faites tremper dans de l'eau des rognures de papier, ou de carton; remuez-les de tems en tems; & quand elles seront bien dissoutes, & en pâte, tirez-la de l'eau, & l'ayant bien égoutée, humectez-la avec un peu de colle de farine fort claire, & vous en servez, ainsi qu'il suit.

Ayez une boule de bois, qui ait le diametre que vous voulez donner à l'intérieur de votre ballon, frottez-la bien de savon, & la couvrez de cette pâte de l'épaisseur dont vous voulez faire le Cartouche; pressez-la avec une éponge, pour en tirer l'humidité, & lui faire prendre corps; & lorsqu'elle sera bien séche, vous couperez le globe par le milieu, qui, étant détaché de la boule, formera deux hémisphéres, le savon, dont vous l'aurez frotté, fera, qu'ils s'en détacheront aisément.

CARTOUCHES SPHERICILIN-DRIQUES.

CEs Cartouches se moulent en carton, comme les Pots des Fusées, sur un gros rouleau de bois, qui se termine en

Pl. 5
Fig. 2.

H

hémishémifphére ; on leur donne une épaiffeur à pouvoir les étrangler, & un diametre d'un quart de hauteur, non compris ce que l'é-tranglement emporte ; le Cartouche étant étranglé autant qu'il eft poffible, il faut frapper dedans un bon tampon de pa-pier humecté d'un peu de colle forte, pour qu'il faffe corps avec le Cartouche, & applanir extérieurement les plis de l'é-tranglement à coups de maillet; ce tam-pon fert, tant à boucher le trou de l'é-tranglement, qu'à fortifier le Cartouche dans cette partie, qui doit pofer fur la chaffe, pour le mettre en état de réfifter à fon impulfion.

Vos Cartouches ainfi préparés, rem-pliffez-les d'un mélange de différente ef-péce d'Artifice, comme Serpenteaux, Etoi-les, Marons, Sauciffons volans, & autres; répandez parmi, de la compofition des chaffes, des Pots à feu, autant qu'il en faut pour crever le Cartouche, & donner feu à la garniture.

Vous fermerez ceux de la premiére efpéce avec une fufée lente, ou Porte-feu, qui en emplira exactement l'ouver-ture.

Pour la feconde efpéce, après avoir placé votre artifice dans les hémifphéres, rejoignez-les avec de la colle forte, & liez-les de plufieurs tours de ficelle col-lée de même, pour empêcher, que l'im-pulfion de la poudre ne les defuniffe; & par la même raifon vous y formerez un Culot, en collant fur l'une des deux par-

ties

ties que la ligature sépare , plusieurs bandes de toile , ou de papier ; vous percerez ensuite un trou à l'opposite du Culot ,
pour y placer la Fusée ; & pour la propreté , vous achevez de couvrir le ballon
de papier collé , pour cacher les ligatures & jointures.

Et pour la troisiéme espéce , qui est
la plus en usage , ayant mis l'artifice dedans , fermez le Cartouche avec un tampon de papier pressé à la main , & l'é-
tranglez de maniére, qu'il n'y reste d'ouverture que pour y placer la Fusée ; vous
percerez auparavant le tampon d'un trou
assez grand , pour qu'elle puisse le traver-
ser , & communiquer à l'artifice. Ce tampon sert à conserver la forme au Cartouche , & à empêcher que l'artifice ne se frois-
se en l'étranglant.

Les Fusées ou Porte - feux des ballons ,
doivent y entrer à force , & y être collés
de colle forte.

Les Cartouches de ces Fusées sont faits
de carte à jouër , ou de carton , suivant
leur grosseur ; ils ne doivent point être
étranglés ; on les charge communément
de composition de Fusée volante , ou de
Poudre ralentie avec du Charbon , autant
qu'il est nécessaire pour leur donner le dégré qui convient : on les charge sans moule , en les tenant appuyées par un bout
sur quelque chose de solide. Il faut les frapper le plus également qu'il est possible ,
d'un pareil nombre de coups , lors qu'ils
doivent avoir la même durée , & les amor-

H 2

cer

cer par les deux bouts, tant pour retenir la compofition, que pour y donner feu.

Il faut auffi les effayer avant d'en faire ufage, pour connoître, & régler leur durée, afin que le Ballon créve, & faffe fon effet dans fa plus grande élévation. Pour vous en affûrer, vous jetterez avec le Mortier un Ballon chargé de terre, de la même pefanteur que la garniture qu'il doit porter, & vous obferverez, fi la Fufée que vous y aurez placée, s'éteint en montant ou en defcendant ; vous pourrez auffi juger par cet effay, fi la quantité de poudre, que vous aurez mis dans le Mortier, eft fuffifante.

Pl. 5.
Fig. 3.
& 4.

Lorfque vos Ballons n'excéderont pas fix pouces de diametre, vous pourrez vous fervir d'un pot à aigrette pour les jetter. Le Pot que vous employerez à cet ufage, doit être percé au milieu du plateau de bois qui lui fert de baze, d'un trou qui communique à une rainure faite par def-fous ; vous formerez un fac à poudre, comme pour les Pots à aigrette, dans le-quel vous lierez un bout d'Etoupille, vous la pafferez dans le trou, & la coucherez dans la rainure, que vous couvrirez de pa-pier collé ; elle fervira à y donner feu. Cette chaffe n'ayant rien à allumer, doit être de relien, fans aucun mélange de charbon, & de la pefanteur d'un dix-hui-tiéme du Ballon ; Le Pot doit être couvert d'un rang de corde collé de colle forte.

Vous placerez votre Ballon deffus la chaffe, ou fac à poudre, & le mettrez
un

un peu en ferre avec quelque chiffon de papier, que vous prefferez entre le Ballon & le Pot, pour que la poudre faffe plus de réfiftance. Lorfque vous voudrez le jetter, commencez par donner feu à la Fufée, & enfuite au Pot ou Mortier. L'effet du Ballon fera de montrer une petite étincelle, qui s'élévera rapidement, & qui éclatant avec bruit, remplira l'air de différentes efpéces de feux, qu'une fi foible lueur ne fembloit pas promettre.

Lorfque ces Ballons excédent fix pouces de diametre, il faut fe fervir pour les jetter, ou de Mortiers de guerre, ou de Mortiers de bois. Si vous faites ufage des premiers, obfervez qu'il faut choifir un Mortier à chambre droite, le charger de poudre de la trente-fixiéme partie de la pefanteur du Ballon, & remplir le refte de la chambre de fourage bien bourré. S'il étoit queftion de jetter quelque chofe de plus folide que du carton, je dirois, qu'après y avoir mis une légére bourre, il faut achever de la remplir de terre bien refoulée avec la Demoifelle, attendu qu'une trop groffe bourre rompt & amollit le reffort de la poudre, & intercepte fon effort; mais c'eft ce que nous cherchons ici, en mettant une groffe bourre; autrement le Ballon rifqueroit d'être mis en piéces par la terre qui le chafferoit.

Si vous vous fervez de Mortiers de bois, il faut qu'ils foyent faits de groffes douves liées de trois ou quatre cercles de fer, & que ces cercles foyent entiére-

Pl. 7.
Fig. 7.
& 8.

H 3

ment

ment couverts & entourrés de cordes, qui , étant fufceptibles de compreſſion, lorſque la poudre prend feu , permettent aux douves une dilatation , qui garantit le Mortier de crever , & empêche les cercles de rompre. La culaſſe eſt une piéce de bois arrondië & retenuë dans les douves par le talon qu'on leur conſerve à cet effet ; elles doivent être d'égale largeur, pour que la poudre agiſſe également ſur toutes ; quant au nombre, plus il en entrera de piéces dans la compoſition du Mortier, moins le feu, qui agira ſur de plus petites ſurfaces , aura de force pour les rompre.

On empêchera que la chambre ne ſoit endommagée par le feu , en la garniſſant intérieurement de lames de fer clouées ſur chaque partie des douves qui la forment, les cloux en ſeront proprement rivés, & mis à l'uni ; un tuyau de fer qui traverſe une des douves , & communique au fond de la chambre, où il eſt rivé ; forme le trou de Lumiére ; la charge de ce Mortier ſera la 24. partie de la peſanteur du Ballon.

Simienovviez , & quelques Autheurs après lui, donnent la deſcription des Ballons de bois, que j'ai jugé inutile de rapporter, ne pouvant être d'uſage dans des réjoüiſſances publiques, par le danger auquel on expoſeroit les ſpectateurs, ſoit en les tirant, s'ils venoient à crever à la ſortie du Mortier, ſoit par leur chûte.

Les

Les grenades d'artifices font faites en petit comme les Ballons. On les jette à la main avec un gand, pour se garantir d'en être brûlé, au cas qu'elles vinssent à crever; ce qui peut arriver, si la fusée est mal jointe au cartouche, ou lorsque la composition est trop prompte; on en garnit quelque fois les Pots à feu.

CHAPITRE XV.

DES CAISSES.

LES Caisses servent à faire partir plusieurs Fusées volantes à la fois; On les place dedans, sur une planche percée de trous à égale distance, & proportionnés à la grosseur des Baguettes, comme la caisse doit l'être à leur longueur, ensorte que les Fusées y soyent entièrement renfermées. Cette planche percée s'appelle la grille.

On la couvre de papier, que l'on perce avec les baguettes des Fusées, en les plaçant dedans. Ce papier sert à retenir du Poussier, ou quelque composition vive, que l'on répand dessus, pour que le feu se porte par tout en même tems. Les Artificiers mettent à part les balayures des tables sur lesquelles ils travaillent, dont ils se servent pour amorcer leurs caisses, en y ajoûtant du Poussier, si ce mélange de différentes compositions n'est pas assez vif.

On

On la ferme, après qu'elle est garnie, avec un couvercle de bois, de crainte que le feu ne s'y infinuë, lequel on ouvre lors qu'il s'agit de la tirer ; il est ordinairement attaché avec des charniéres, ou couplets de fer.

On ferme tout fimplement les petites caiffes avec un feuille de papier qu'on lie deffus, ou que l'on y colle ; il faut auffi coller des bandes de papier fur les fentes qui peuvent s'y trouver, & fur les jointures pour empêcher que le feu n'y pénétre. Les groffes caiffes doivent être ferrées aux angles, pour réfifter à la violence du feu, qui pourroit les faire entrouvrir. On leur donne la forme quarrée, comme étant plus commode pour divifer la grille en parties égales, & pour favoir d'un coup d'œil, ce qu'elle peut contenir de Fufées, en multipliant un côté par l'autre. On les fait ordinairement de Sapin, qui, étant légers, en rend le tranfport plus facile.

On appelle Caiffe de Campagne, une fimple grille qui n'eft point renfermée dans une Caiffe. On s'en fert au déffaut des autres ; l'effet en eft le même, mais il femble moins beau, parce que l'artifice eft à découvert. On clouë chaque grille fur un pieu planté dans terre, & on les éloigne affez les unes des autres, pour que le feu ne puiffe pas s'y communiquer.

Une grande Caiffe eft toûjours ce qu'il y a de plus beau dans un feu, elle remplit l'air d'une quantité prodigieufe de différentes efpéces de feux; il en a été tiré à

Paris

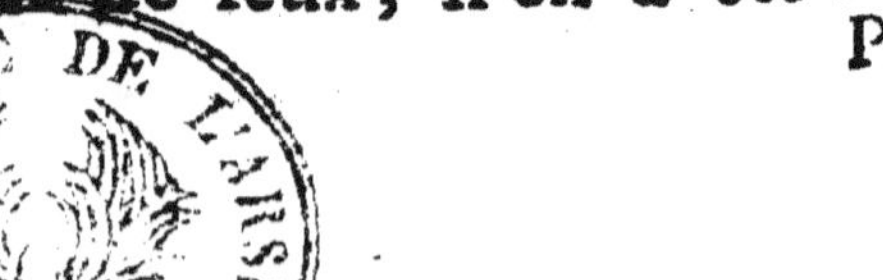

paris qui contenoient douze - cent Fusées de différentes grosseurs, depuis quatorze lignes, jusques à trente.

La principale Caisse d'un feu s'appelle la Girande ; c'est ordinairement par elle que l'on termine le spectacle. On nomme ainsi une Caisse de huit à dix mille Fusées, qui termine le feu de Saint Pierre à Rome, d'où le nom a passé à celles que l'on destine au même usage ; mais comme on est obligé de les tenir fort petites à cause de la grande quantité, elle ne fait pas, dit-on, un plus bel effet que les nôtres.

On peut faire une Girande, en unissant plusieurs Caisses, & en mettant une étoupille de communication de l'une à l'autre, pour que le tout parte en même tems.

CHAPITRE XVI.

DES TOURBILLONS DE FEU.

PRenez un Cartouche d'épaisseur ordinaire, bien étranglé ; frappez dedans un tampon sur un culot sans broche ; chargez - le de composition de Fusées volantes, & le frappez de quinze à vingt coups de maillet à chaque charge, suivant sa grosseur : fermez - le avec

Pl. 6.
Fig. 8.

H 5

un

un tampon , & rendoublez une partie
du carton , pour avoir plus de facilité à
étrangler le reste ; L'ayant bien étranglé & lié , retranchez avec des ciseaux ce
qui excéde la ligature. Il doit en cet
état avoir six diametres extérieurs entre
les deux étranglements. Divisez sa circonférence en quatre parties égales , &
tirez dessus quatre lignes paralleles d'un
bout à l'autre. Trois de ces lignes servent à indiquer la position des trous, &
la quatriéme sert à en faciliter la division.
J'appelle cette quatriéme ligne, la supe-
rieure , celle opposée , la ligne de dessous,
& les deux autres, les latéralles. Percez
un trou dans ces derniéres , à chaque
bout de la Fusée, l'un à droite & l'autre
à gauche , à un demi diametre extérieur
de l'étranglement ; percez-en quatre autres sur celle de dessous , à égale distance , & qui partagent la longueur de la
Fusée entre les deux étranglements , en
cinq parties égales. Ces six trous doivent
être percés avec un poinçon à arrêt, qui
ait la grosseur d'une sixiéme , ou au plus,
d'une cinquiéme partie du diametre intérieur du Cartouche. Emplissez les trous
de poussier , puis placez une Etoupille
de communication sur les quatre de dessous , & la collez sur chacun avec un peu
d'amorce ; posez-en une seconde qui
communique d'un trou latéral à l'autre,
& les couvrez toutes deux de papier
collé. Prenez un petit bâton d'ozier, de
la longueur de votre Fusée ; fendez-le
en

en deux, faites une coche ou entaille au milieu de l'une de ces moitiés, & l'attachez avec un fil de fer ou de léton en croix, & au milieu des quatre trous. L'entaille fert à loger l'Etoupille qui paffe deffous, qui empêcheroit la baguette de joindre contre la Fufée ; on la lie de fil de fer, pour réfifter au feu, qui brûleroit une ficelle ; & fon effet eft de maintenir la Fufée dans la fituation où elle doit être pour s'élever droit ; fans cela elle pourroit rouler, en prenant feu ; & les quatre trous qui fervent à l'élever par le reffort & la preffion réciproque de la matiére enflammée fur l'air & de l'air fur la Fufée, fe trouvant deffus ou à côté, & les trous latéraux qui fervent à lui donner le mouvement de rotation, étant de même déplacés, la Fufée ne feroit alors d'autre effet, que de jetter du feu, & de s'agitter au hazard.

On peut leur faire porter une petite garniture, & voici comment. Placez dans deux Cartouches fort minces, égale pefanteur de Serpenteaux, ou Etoiles, avec affez de pouffier pour les faire crever, percez la Fufée de chaque côté dans le milieu de fa longueur, & en place de la baguette collez-y vos deux Cartouches. Lors qu'elle finira, le feu, qui fortira par ces trous, qui répondent à la garniture, lui donnera feu.

TROI-

TROISIÉME PARTIE.

Des Feux qui ont leur effet fur terre.

CHAPITRE PREMIER.

DES LANCES A' FEU.

Pl. 5.
Fig. 9.

LES Lances fervent à éclairer la décoration des Feux d'Artifices , on en garnit les bordures & les endroits les plus apparens ; leur lumiére vive & éclatante contribuë beaucoup à embellir le fpectacle ; c'eft par où il dòit commencer ; & c'eft avec des Lances que les Artificiers donnent feu aux différentes parties qui le compofent.

Leur compofition eft la même que celle des Etoiles , favoir :

	Livres.	onces.	gr.
Salpêtre.	1.	0.	0.
Soufre.	0.	8.	0.
Pouffier.	0.	4.	0.

Formez-

Formez-en le Cartouche comme il eſt dit dans le chapitre du Moulage ; donnez-lui un pied & demi de longueur, ou environ, ſur cinq lignes de diametre intérieur ; frappez dedans un tampon pour boucher le trou de l'étranglement ; ayez trois baguettes pour le charger, la premiére juſqu'au tiers, une plus courte juſques aux deux tiers, & une petite pour achever, frappez la compoſition de douze à quinze coups avec une palette, ou un maillet de groſſeur proportionnée, en tenant le Cartouche dans vôtre main, ſans vous ſervir de Moule, ni de Culot ; après qu'il eſt chargé, mettez-y une Etoupille, & la couvrez d'amorce.

La bonté & la propreté d'une Lance, conſiſtent à être chargée bien ferme, & que le Cartouche ne faſſe aucuns plis. Lorſque vous voulez en border un feu, ne les rempliſſez pas entiérement de compoſition, réſervez environ un pouce pour les placer ſur un pied de bois, qui entre, & eſt collé dedans, lequel eſt applati par l'autre bout, & percé de deux trous pour le clouer ; coupez l'étranglement, & y mettez une amorce ; clouez-les enſuite ſur des barres, à la diſtance de quatre à ſix pouces, puis mettez une Etoupille de communication de l'une à l'autre, & la collez ſur chaque Lance avec un peu d'amorce. Proportionnez vos barres à la longueur de chaque face du feu ; ſi elle a vingt-quatre pieds, il faut leur donner ſix, ou douze pieds, afin que deux ou

quatre

quatre la garniffent ; des pates coudées, que vous clouerez dans la charpente, ferviront à les foutenir.

Si vous voulez attacher un Sauciffon à vos Lances, pour qu'elles finiffent par un grand coup, comme il eft affez ordinaire de le faire ; rempliffez de pouffier un petit tuyau de plume, faites - en entrer un bout dans le Sauciffon, percé pour le recevoir, & l'autre bout dans la Lance, que vous percerez un peu au - deffus du morçeau de bois qui lui fert de pied ; joignez bien l'un à l'autre, & couvrez les jointures de bandes de papier collé.

Les Lances fervent auffi à former des deffeins, comme fleur de Lis, & autres qui ornent bien un feu. Si c'eft une fleur de Lis, l'ayant formée en bois avec un bout de planche, percez des trous fort proches les uns des autres fur le bord de fa furface, fuivant le deffein qui y eft tracé ; collez vos Lances dans ces trous avec de la colle forte, & tournez un fil de fer autour de chacune, environ aux deux tiers de leur longueur, qui les lie l'une à l'autre, & empéche qu'elles ne fe dérangent : on fuivra le même procédé pour les autres deffeins.

Ayez fur - tout attention à les bien amorcer, & pofez de bonne Etoupille bien vive de l'une à l'autre, pour que le feu fe porte par - tout dans un inftant.

On peut donner une odeur fort agréable au feu des Lances, en mettant une once de

de Benjoin fur la livre de compofition ;
on le broye doucement avec du Soufre.

CHAPITRE II.

DES GLOBES DE FEU.

PREMIE'RE ESPE'CE.

FOrmez un Globe de carton, en mou-
lant avec de la pâte de papier deux
hémifphéres fur une boule de bois,
comme il eft dit au chapître des Ballons
d'air , garniffez l'intérieur de vos hémisphéres , d'une couche de terre graffe , de
l'épaiffeur d'une vingt - quatriéme partie
de fon diametre , & la couvrez avec du
papier collé deffus, pour la foutenir, lorfque vous percerez le Cartouche : Rempliff-
fez-les enfuite de la compofition ci - après,
en pâte détrempée avec de l'eau de vie ,
pour qu'elle féche plus promptement ;
lors qu'elle fera bien féche , vous les re-
joindrez avec de la colle forte , & collerez des bandes de papier fur la jointure ,
ou fciffure. Votre Globe en cet état , vous
ferez avec un Villebrequin autant de trous
au Cartouche , & auffi grands , que fon
volume le peut comporter ; vous les remplirez avec de l'amorce , & collerez de l'un
à l'autre

à l'autre une Etoupille de communication.
La place de ces Globes eft fur les coins
d'un feu & fur les extrémités d'une Piramide ; vous les y retiendrez avec trois
pointes de fer, entre lefquelles vous les
placerez ; il faudra les couvrir de papier
brouïllard collé deſſus, crainte que le feu
ne s'y communique avant qu'il foit tems.
Le feu qui fortira par les trous, donnera
un éclat fort vif & fort blanc ; la terre
graffe, dont le Cartouche eft garni, empêchera qu'ils ne s'agrandiffent, & garan-
tira le Cartouche d'être brûlé, ce qui arriveroit fans cette précaution.

*Compoſition pour les Globes de feu
ci - deſſus.*

	Livres.	onces.	gr.
Salpêtre. . .	1.	0.	0.
Soufre. . .	0.	6.	0.
Camphre. . .	0.	2.	0.
Pouſſier. . .	0.	4.	0.

DEUXIE'ME ESPE'CE.

*Globe de feu qui roule fur un plan
horiſontal.*

Liez enſemble deux corps de Fuſée volante, comme pour en former une Fuſée de corde, avec une communication
de

de feu du maſſif de l'une à la gorge de l'autre qu'il faut bonneter ; placez-les d'une
maniére ſtable & ſolide dans un hémis-
phére de carton , dont elles rempliſſent
éxactement le diametre ; couvrez-les enſuite avec l'autre hémiſphére, & le collez
deſſus avec des bandes de papier & de la
colle de farine. Votre Globe étant ſec,
percez-y un trou au devant de chaque
gorge de Fuſée, dont vous aurez marqué
la place ſur l'extérieur du Globe avant de
le fermer ; puis l'ayant poſé ſur un ter-
rain uni , donnez feu à celle qui n'eſt
point bonnetée ; vous verrez un Globe de
feu qui roulera d'une grande vîteſſe. On
peut en faire de la même maniére avec
trois Fuſées. Le même Globe ſervira
pluſieurs fois. Si vous voulez le faire
crever, & jetter des Serpenteaux au bout
de la courſe, n'y mettez qu'une Fuſée, (un
plus grand nombre rendroit le Globe
trop lourd, & ne lui permettroit de ſe
mouvoir que lentement) & renfermez
dedans des Serpenteaux brochetés, & des
marons , avec un peu de pouſſier mêlé
parmi ; une Etoupille qui communiquera
au maſſif de la Fuſée, y donnera feu en fi-
niſſant. Il faut aſſujettir cette garniture avec
du papier chiffonné, pour empêcher qu'elle ne ballote dans le Globe.

I CHAPI-

CHAPITRE III.

DES FUSE'ES COURANTES
SUR DES CORDES.

PREMIE'RE ESPE'CE.

Pl. 6.
Fig. 9.

PRenez deux Fusées volantes, sans garniture ni baguette ; liez-les ensemble, de maniére que la gorge de l'une soit contre le massif de l'autre ; attachez dessus, & joignant les deux Fusées, un Cartouche vuide un peu moins long, & qui ne soit point étranglé ; mettez un peu de colle forte sur les ligatures, pour empécher qu'elles ne se relâchent, & que les Fusées & le Cartouche ne se dérangent ; percez un trou dans le carton *rendoublé* d'une de vos Fusées, placez-y une Etoupille avec de l'amorce, qui communique à la gorge de la Fusée qui la joint, & collez un papier dessus ; bonnetez aussi à l'autre bout la gorge de la Fusée, par où vous devez donner feu. Ayant ainsi préparé plusieurs Fusées, enfilez-les dans une longue corde, qui soit attachée par un bout à quelque chose de stable, & élevée de terre d'une hauteur convenable ; Plantez un pieu dans terre à l'autre bout, qui tienne la corde, qui doit poser dessus dans la même élévation ; attachez-la près

de

de terre à un second pieu planté à quelque distance du premier ; tenez vos Fusées dans cette partie de la corde qui est entre le premier & le second pieu, & à mesure que vous les tirez, levez la corde de dessus le pieu qui la soutient, & les faites passer dans la partie sur laquelle elles doivent faire leur vol. Ce pieu sert à empêcher que la Fusée, à laquelle on a donné feu, ne le communique aux autres en partant, & il l'arréte à son rétour, & empêche qu'elle ne frappe contre.

La première fusée ayant fait son effet, avancez en une seconde ; elle chassera devant elle le cartouche vuide de la première, qu'elle laissera au bout de la corde, & reviendra frapper contre le pieu ; Il en est de même des autres ; chaque fusée n'ayant toûjours qu'un cartouche vuide à chasser devant elle, ils se trouvent tous rassemblés à l'autre bout, à l'exception du dernier.

SECONDE ESPE'CE.

Joignez deux fusées volantes, bout à bout, massif contre massif, par le moyen d'un petit rouleau de bois que vous ferez entrer également dans les deux cartouches sur le carton *rendoublé*, & que vous y collerez de colle forte, de sorte que les deux extrémités des cartouches se joignent, &

Pl. 6.
Fig. 7.

I 2

qu'en

qu'en collant une bande de papier dessus, le tout ne paroisse être qu'une fusée.

Percez l'une des deux dans le massif,
& y placez une étoupille de communication renfermée dans un cartouche de
lance, qui viendra rendre à la gorge de
l'autre fusée que vous bonneterez. Liez
un cartouche vuide dessus, & enfilez-le
dans la corde, le bout bonneté le premier; donnez-lui feu par l'autre, elle fera ses deux vols comme celle ci-dessus.

TROISIE'ME ESPE'CE.

IL y a des cas où l'on se sert d'une fusée
de corde, pour porter le feu à quelque
artifice; alors elle ne doit être qu'à un vol.
On la forme avec une seule fusée, qui porte un bout de lance collé sur son massif;
on attache un cartouche vuide dessus,
dans lequel doit passer la corde, puis on
place une étoupille renfermée dans un
Porte-feu, qui communique de la gorge
de la fusée à la lance.

Les fusées de cette espéce n'ayant
rien, ou peu de chose à porter, ont un
vol si prompt, qu'on a peine à en voir l'effet; si l'on trouve à propos de le modérer,
il ne faut qu'ajoûter un peu de Soufre à la
composition, pour la ralentir, ou attacher du plomb sur la fusée, pour la rendre plus lourde.

Et

Et dans les cas où elles seront paresseuses, parce qu'elles porteront une forte charge, il faudra augmenter la force de la composition, en y ajoutant du Poussier, pour leur donner le mouvement qui convient.

Un jet chargé en brillant, quoi qu'il ne soit point brocheté, peut faire son vol sur la corde, lors qu'il est simple & sans charge.

QUATRIE'ME ESPE'CE.

Fusée courante qui tourne en Spirale sur la corde.

ATtachez une Fusée en ligne diagonale, sur le cartouche vuide qui doit glisser sur la corde, & l'ayant enfilé dedans, donnez-y feu, elle se portera à l'autre bout, en tournant en Spirale. Plus le biais de la Fusée approchera de l'angle droit, plus elle tournera vivement, & son effet approchera de celui d'un soleil; mais aussi son mouvement direct se trouvera ralenti à proportion; & il seroit nul, si la Fusée croizoit le cartouche à angles droits; elle n'auroit alors qu'un mouvement de rotation fort vif.

Pl. 6.
Fig. 6.

I 3 CIN-

CINQUIE'ME ESPECE.

Soleil tournant & courant sur une corde.

FOrmez un tourniquet de bois à deux tenons, comme la Fig. 10 Pl. 6. le repréfente, qui foit percé d'un trou au milieu affez grand, pour donner entrée à un cartouche vuide, dans lequel la corde doit paffer; l'ayant arrêté au milieu du cartouche avec de la colle forte , prenez deux jets chargés en brillant , dont l'étranglement foit bouché avec un tampon, & les collez fur les tenons; Percez enfuite chacun des jets de trois trous , favoir deux par deffous , qui doivent partager fa longueur en trois parties égales , & un à côté un peu au deffous du tampon ; rempliffez ces trous de Pouffier , conduifez une étoupille de communication d'un trou à l'autre , & la collez deffus avec de l'amorce ; couvrez-la d'une bande de papier collé , le tout étant fec , enfilez votre cartouche vuide dans la corde , & donnez-y feu ; vous verrez un foleil tourner deffus, en faifant fon vol à l'autre bout.

SIXIE'ME

SIXIÈME ESPÈCE.

Autre Soleil tournant & courant sur la corde, dont l'effet est retrograde.

PRenez une Fusée de corde de la premiére espéce, & la placez dans un tourniquet, dont le trou soit assez large, pour donner entrée aux trois piéces qui la composent; ce qu'ayant fait, prenez deux jets chargés comme ceux ci-dessus, & qui ayent le même diametre intérieur que vos Fusées; les ayant collés sur les tenons, percez un trou de lumiére à chacun, l'un à droite, & l'autre à gauche; percez ensuite l'un d'eux un peu au dessus du tenon, placez-y une étoupille renfermée dans un Porte-feu, qui communique au trou de lumiére de l'autre jet, puis attachez une seconde étoupille sur la gorge du jet qui doit prendre feu le premier, & la conduisez sur l'amorce de votre Fusée courante; mettez-la sur la corde; elle fera ses deux vols en tournant.

Pl. 6.
Fig. 4.

SEPTIE'ME ESPE'CE.

Autre maniére de former le Soleil tour-
nant & courant sur la corde,
tant simple, que rétrograde.

PRenez une Fusée de corde simple, garnie de son cartouche vuide, dans lequel
passe la corde ; attachez sur le milieu de
ces deux piéces un jet chargé en brillant ;
qui les coupe à angles droits ; placez une
Étoupille de communication de la gorge
de l'un à la gorge de l'autre, pour qu'elles partent en même tems ; y ayant donné
feu, le jet tournera & formera un soleil ;
La Fusée, à laquelle il est attaché, tournera
aussi ; mais son mouvement direct étant
supérieur, elle emportera le soleil, & fera
son vol en tournant sur la corde. Si vous
voulez, que cette piéce d'artifice ait un effet
rétrograde, prenez une Fusée de corde
double, & de la premiére espéce ; attachez
sur deux des faces du triangle qu'elle forme,
un jet sur chacune, qui les croise à angles
droits, la gorge de l'un tournée en haut,
& la gorge de l'autre en bas, avec des
Étoupilles de communication de la gorge
d'une fusée à celle d'un jet, le tout bonneté, & couvert de papier collé. Cette
Fusée ainsi préparée, fera ses deux vols,
garnie d'un soleil à chaque vol.

CHA-

CHAPITRE IV.
DES JETS DE FEU.

LES Jets font des Fufées maffives, chargées fur un Culot, qui porte u-ne pointe de la longeur de leur dia-metre, qui fert, tant pour foutenir la Fufée, lors qu'on la charge, que pour ou-vrir le trou de la gorge du Cartouche de la grandeur qui lui convient.

Comme leur effet eft d'imiter en feu les jets d'eaux, on les charge ordinaire-ment en brillant, qui donne le plus beau feu, & s'éléve fort haut. On met, pour les petits Jets, quatre onces de limaille fine, pour les moyens cinq onces, & fix onces de groffe pour les gros fur la livre de Poudre. La raifon de cette différence eft, que la groffe Limaille garnit moins que la petite, & qu'ainfi il en faut aug-menter la doze, pour que le feu en foit également fourni.

On les charge auffi, fuivant les cas, en compofition de Lardons, de Fufées vo-lantes, de feu commun & autres.

Les Cartouches des Jets doivent être proportionnés, pour l'épaiffeur, premié-rement à la force de la compofition qu'ils doivent contenir, en fecond lieu, au trou de la gorge, qui, plus il eft petit, plus le Cartouche doit être fort, troifiémement à leur groffeur qui augmente l'action du feu, en lui préfentant une plus grande

Pl. 7.
Fig. 3.
& 4.

I 5   fur-

furface; & enfin à leur longueur, parceque la matiére enflammée augmente fon
volume & la preſſion fur le Cartouche,
à proportion qu'il fe vuide, & qu'elle a
lieu de s'y étendre, ce qui fait, que les
Jets, dont on augmente la longueur fans
augmenter l'épaiſſeur du Cartouche, cré-
vent, lorſque le feu **a** atteint les deux
tiers, ou les trois quarts de leur longueur;
on leur donne communément un tiers de
l'épaiſſeur de la baguette à rouler, juſqu'à fix lignes de diametre, & au-deſ-
fus la moitié.

Il faut quatre baguettes pour charger
un Jet, premiérement une qui foit un
peu percée, pour loger la pointe du Culot, qui ne fert qu'à frapper le Cartouche à vuide, pour abattre & unir les plis de
l'étranglement; & trois autres de longueurs
inégales, dont on change à chaque tiers.

Avant de charger les Jets, il faut remplir le vuide de l'étranglement avec une
groſſe corde liée au tour, comme il a été
dit pour les Fuſées volantes. On obſervera auſſi, que chaque charge ne doit occuper que la hauteur d'un demi diametre
extérieur du Cartouche, étant foulée, &
même d'un tiers, lors qu'ils font gros;
plus un Jet eſt chargé à petites charges,
moins il rifque de crever.

Ils doivent être frappés modérément
de douze à vingt coups, depuis les plus
petits juſqu'aux plus gros, avec un maillet un peu moins fort que celui des Fufées volantes de pareil diametre. Après
qu'ils

qu'ils font chargés, il faut les fermer avec un tampon, ou *rendoubler* le carton fur la compofition, pour contrebalancer la force du feu, lors qu'il ne refte à brûler que quatre à cinq lignes de compofition, ils défonceroient, ne trouvant aucune réfiftance, moyennant cela ils durent un peu plus long-tems ; ceux que l'on charge pour les Soleils tournans, ou pour les Pots à Aigrettes, ne doivent point être fermés ; afin que le feu puiffe fe communiquer de l'un à l'autre, ou à la chaffe, on les charge jufqu'au bout.

Avant de les amorcer, il ne faut pas manquer de les engorger avec de la compofition dont ils font chargés, ou même d'un peu plus lente.

Engorger un Jet, eft remplir de compofition le trou de la gorge, dans lequel on la preffe avec la pointe du culot ; s'il n'étoit pas rempli, le Jet feroit en rifque de crever, par la dilatation de l'air renfermé dans ce trou.

Lorfque les Jets font fort longs & fort gros, il arrive ordinairement, que la gorge fe brûle, avant qu'ils ayent achevé leur effet. On les en garantit, en y mettant une charge de terre glaife en poudre avant la compofition ; cette terre frappée, devient fort dure, & empêche l'action du feu ; la pointe du culot y conferve une communication.

Les Jets qui font terrés, pouffent leur feu beaucoup plus haut, parce que le trou ne s'élargit point ; auffi le Cartou-

che

che doit-il être plus fort, que lors qu'il ne le font pas.

Plus le trou de la gorge d'un Jet, terré, ou non terré, eft petit, plus il éléve fon feu ; on lui donne communément le quart du diametre intérieur, & un tiers, lors qu'il eft fort gros.

Lorfque l'on charge des Jets un peu gros en brillant, il n'eft pas mal de mettre la premiére charge en feu commun; j'ai remarqué, qu'étant chargés ainfi, ils font moins fujets à crever ; cette compofition moins vive, fraye le paffage, & agit moins vivement fur l'air, qui pourroit être renfermé dans les plis de l'étranglement.

Après que les Jets font chargés & engorgés, il faut les amorcer comme les autres Fufées. Leur pofition perpendiculaire, inclinée, ou horifontale, eft ce qui en varie les effets ; ainfi vous imiterez les Jets d'eau, droits, ou courbes, en les plaçant dans les fituations, qui conviennent à ce que vous voulez repréfenter ; un affemblage de Jets pofés perpendiculairement, forme une gerbe.

Vous ferez une nape de feu, en joignant plufieurs gros Jets placés horifontalement ; ils ne doivent point être étranglés, pour former la nape, foit qu'on les charge en brillant, ou en feu commun.

On forme auffi des Piramides de feu, en difpofant des Jets, les uns au-deffus des autres, fur une légére charpente qui en aura la forme, & qui fe terminera par un un seul Jet, auquel ayant donné feu, il se communiquera à tous les autres par des Etoupilles. On fait tenir les Jets dessus, soit en y perçant des trous dans lesquels on les colle, soit en les attachant contre avec de bonne ficelle, sur laquelle on met un peu de colle, pour empêcher la ligature de se relâcher.

On peut aussi leur faire jetter successivement différentes espéces de feux, en les chargeant d'autant de composition différentes, pour en former des Soleils fixes, ou tournans, dont cette varieté de feu embellit l'effet.

Il y a une infinité d'autres usages, auxquels on peut employer les Jets, qui dépendent de l'idée & du goût de l'Artificier.

CHAPITRE V.

DES SOLEILS FIXES.

PREMIE'RE ESPE'CE.

UN Soleil fixe est un assemblage de jets chargés en brillant, disposés autour d'un centre en forme de rayons, qui prennent feu à la fois, & répandent une lumiére très éclatante.

Pl. 8.
Fig. 1.
& 2.

Tournez.

Tournez un rouleau de bois , d'un dia-metre à pouvoir diviser la circonférence en autant de parties , que vous voulez y placer de jets ; donnez - lui d'épaisseur trois fois leur diametre ; percez - le au milieu d'un trou quarré pour le poser, lors qu'il est garni , sur une barre de bois, ou de fer, dans laquelle il est retenu par une clavette ; percez ensuite sur la circon-férence , les trous dans lesquels les Jets doivent être placés à égale distance , & qu'ils tendent & alignent tous au même centre ; donnez-leur de profondeur un dia-metre de vos Jets.

Le nombre des Jets , dont on forme un Soleil , n'est point fixe ; Il n'arrive gue-res , qu'on en mette moins de neuf , le nombre ordinaire est de douze pour cette espéce.

Ayant collé & placé les Jets dans les trous , posez une Etoupille de communi-cation , renfermée dans un Porte - feu, d'un Jet à l'autre sur leur gorge , & l'ar-rêtez dessus avec de l'amorce ; couvrez-en bien les jointures avec du papier brouillard collé , qui envelope , & fasse joindre les bouts des Porte - feux avec la gorge de chaque Jet , de maniére que le feu ne puisse s'y introduire , qu'en dé-chirant le papier , lorsque vous voudrez le faire partir.

DEU-

DEUXIEME ESPECE.

Soleils fixes à plusieurs reprises.

AYEZ un Cilindre de bois, d'un diametre proportionné au nombre des Jets que vous voulez placer autour, & qui ait affez de longeur, pour tenir autant de rangs de Soleils, que vous avez deffein d'y en mettre, en laiffant au moins deux pouces d'intervalle entre chaque rang. Je fuppofe, qu'il foit à trois rangs, ayant percé les trous & placé les Jets dedans, garniffez chaque rang de Porte - feux d'u-ne gorge à l'autre, ainfi qu'il eft expli-qué ci - deffus. Comme leur effet doit être, que le premier, un peu avant de fi-nir, donne feu au fecond, & le fecond au troifiéme, de maniére qu'il ne paroif-fe aucune interruption ; pour faire cette communication, percez avec un poinçon à arrêt deux de vos Jets, du premier rang, oppofés l'un à l'autre, à une lig-ne ou deux au deffus du Cilindre ; don-nez jour avec le même poinçon au bon-netage de deux du fecond rang, les plus proches des premiers ; mettez du pouf-fier dans les trous, & y collez une Etou-pille à chacun, qui foit renfermée dans un Porte - feu, & qui communique du premier au fecond rang, & de même du fecond au troifiéme.

Un

Un Porte-feu à chaque rang pourroit suffire, mais l'effet en est plus prompt & plus sûr, lors qu'il y en a deux qui donnent feu en même tems en deux endroits opposés; après qu'ils sont placés, joignez-les bien aux Jets, auxquels ils communiquent, avec du papier collé.

TROISIÉME ESPECE.

FOrmez sur un Cilindre de bois deux rangs de trous, l'un pour y placer douze Jets de huit à neuf lignes de diametre intérieur, & l'autre pour en mettre trente, de quatre à cinq lignes, le tout chargé en brillant, en observant d'employer pour les petits de la limaille la plus fine.

Placez des Etoupilles d'un Jet à l'autre, & pour que les deux rangs prennent feu en même tems, collez deux Porte-feux dans deux endroits opposés, pour le communiquer de la gorge des petits, à celle des gros.

L'effet de ces petits Jets, est de garnir l'intervalle qui se trouve entre chacun des gros, & de jetter un feu plus clair, qui rend le soleil plus éclatant, par cette nuance de feu. Ils dureront autant que les gros, en leur donnant les mêmes proportions; c'est-à-dire, que si les gros ont douze diametres de hauteur, il en faut donner autant aux petits.

CHAPI-

QUATRIÉME ESPÉCE.

Grand Soleil brillant, appellé Gloire.

FAites faire une rouë de fer, composée de quatre cercles, dont le premier ait huit pouces de diametre, le
second deux pieds, le troisiéme trois pieds
quatre pouces, & le quatriéme quatre
pieds huit pouces, qui soïent retenus les
uns dans les autres à la distance de huit
pouces entre chacun, comme la Fig. 1.
Pl. 9. le représente. Chargez quarante-huit
jets, de vingt pouces de long; liez-en douze par le milieu sur le second cercle, par
la gorge sur le troisiéme, & par l'extrémité opposée sur le plus petit, à égale distance les uns des autres. Liez-en de même douze autres par le milieu sur le troisiéme cercle, par la gorge sur le quatriéme, & par l'extrémité opposée sur le second. Attachez ensuite les vingt-quatre
qui vous restent, par en bas sur le troisiéme cercle, & par le milieu sur le quatriéme. Observez, que tous vos jets soïent
distribués à égale distance, & dans le
milieu de l'espace qui se trouve entre les
rayons formés par les Jets intérieurs,
comme la Figure vous le montre. Garnissez vos trois rangs de Porte-feux d'un
Jet à l'autre; puis placez-en deux qui
communiquent le feu de gorge en gorge

K

du

du premier au second rang, & quatre autres du second au troisiéme, afin que le tout prenne feu en même tems ; Ayez attention à les attacher avec de bonne ficelle, & en liant la partie d'enbas, de la passer deux ou trois fois par dessous le Jet, de maniére qu'elle le soutienne, & l'empêche de reculer ; outre cela vous la collerez dessus avec de la colle forte.

La place de ce soleil est à la principale face d'un grand feu. La mesure que je lui donne, n'est que pour exemple ; On en fait de beaucoup plus grands, & jusqu'à trente pieds de diametre, en y ajoûtant des cercles.

CHAPITRE VI.

DES SOLEILS TOURNANS,
ET GIRANDOLES.

IL n'y a de différence entre les Soleils tournants, & les Girandoles, de telle espéce que ce soit, que dans la position qu'on leur donne pour les tirer, qui, en les mettant dans un autre point de vûë, paroit en changer l'effet ; s'ils sont placés verticalement, on les appelle Soleils, & horizontalement, on les nomme Girandoles.

PRE.

PREMIE'RE ESPE'CE.

Soleil tournant simple.

CHargez un Jet en brillant fur un Culot *Pl. 6.* fans broche , de fix diametres exté- *Fig. 2.* rieurs de long , dont le trou de la gor-ge foit bouché par un tampon ; refervez un diametre extérieur pour le coller fur le tenon d'un tourniquet ; ce qu'ayant fait , percez un trou de lumiére à côté, un peu au-deffous du tampon, & y col-lez une Etoupille avec de l'amorce ; placez-le enfuite fur un petit Effieu de bois, de la groffeur du diametre intérieur de la Fufée , dans lequel foit percé un trou, pour retenir le tourniquet avec une che-ville ; y ayant donné feu , il tournera d'une grande vîteffe , & formera un So-leil.

SECONDE ESPE'CE.

Soleil tournant à deux Jets.

COllez deux Jets fur un tourniquet à *Pl. 6.* deux tenons , qui foient chargés & *Fig. 1.* percés , comme le précédent , en obfer-vant , que le trou de lumiére de l'un foit à droite , & celui de l'autre à gauche ;

K 2

Ayant

Ayant donné feu à tous deux , par une Etoupille de communication , ils forme-ront un Soleil , qui ne différera du précé-dent , que parce qu'il fera plus garni de feu.

TROISIEME ESPECE.

Soleil à deux Jets , dont le centre eſt garni de feu.

AYant préparé un tourniquet à deux Jets , comme celui ci - deſſus , au lieu d'un trou de lumiére à chacun , percez en trois ſur la même ligne , à égale di-ſtance les uns des autres , trois à droite, & trois à gauche ; & collez une Etou-pille de communication ſur les ſix trous , pour qu'ils prennent feu à la fois. Leur effet eſt de garnir de feu le Centre du Soleil , qui en eſt plus beau , mais de moindre durée ; il faut diſtribuer les trous de maniére , que ceux d'un Jet ne ſe trou-vent pas vis - à - vis ceux de l'autre , afin qu'ils garniſſent mieux ; on peut auſſi le faire à deux repriſes , comme celui de l'eſpéce ſuivante , pour le faire durer au double.

QUATRIEME ESPECE.

Soleil tournant à deux reprises.

FOrmez un Soleil tournant, comme celui de la seconde espéce ; percez le Jet, qui doit prendre feu le premier, un peu au-deſſus du tenon, & y collez une Etoupille, qui vienne rendre au trou de lumiere de l'autre Jet , pour y communiquer le feu ; couvrez-la d'un papier collé, ou la renfermez dans un Porte-feu brisé, repréſenté en A , qui puiſſe prendre la forme ronde du tourniquet.

Un Porte-feu brisé eſt un cartouche de lance , coupé en pluſieurs morceaux, dans leſquels on paſſé l'Etoupille , & qui prennent telle forme que l'on veut ; on les couvre après d'un papier collé.

On peut charger ces Jets de deux feux différents , la premiére moitié en compoſition de Fuſées volantes , & l'autre en brillant ; ce changement de feu en rend l'effet plus beau.

Pl. 6.
Fig. 1.
& Pl. 10.
Fig. 2.

CIN-

CINQUIÉME ESPECE.

Girandole à deux reprises qui jettent successivement, l'une du feu en dessus, & l'autre en dessous.

GArnissez un tourniquet de deux Jets, comme le précédent, à cette différence près, que les trous de lumiére doivent être percés à quarante cinq dégrés, c'est-à-dire, au demi-quart de leur circonférence ; au lieu que les précédents le font à quatre-vingt-dix ou au quart ; & si vous voulez faire un changement agréable, après en avoir percé un dans le demi-quart supérieur, percez l'autre par dessous dans le demi-quart inférieur opposé, qui est le deux-cent vingt-cinquiéme dégré.

Pour faciliter & rendre cette opération plus certaine, ayez un morceau de bois cannelé de la longueur de votre Fusée, dans lequel elle entre juste à moitié de sa circonférence ; l'ayant placé dedans, tracez une ligne de chaque côté de la Fusée, suivant votre cannelure : l'une sera le premier dégré & l'autre le cent-quatre-vingtiéme ; divisez-la ensuite en quatre parties égales, & puis en huit, vous serez alors certain de la juste position de vos trous.

Percez un de vos Jets un peu en dessus

fus du tampon, & y placez une Etoupille couverte, pour porter le feu au trou
de lumiére de l'autre Jet. Ayant donné
feu à votre Girandole, le premier formera une efpéce de Jatte, qui changera, &
paroîtra renverfée, dès que l'autre Jet
aura pris feu.

SIXIEME ESPECE.

Girandole à deux Jets.

VOS Jets préparés, comme il eft dit
ci-deffus; percez-en un dans fa partie fupérieure au premier degré, & l'autre au quart de fa circonférence. Ayant
donné feu à tous deux en même tems,
l'un formera une rouë horifontale, & l'autre un Cilindre de feu; fi le trou fupérieur panche un peu du côté de l'axe, il
formera un cône; fi fa pente eft du côté
oppofé, il repréfentera un vafe.

Il eft facile de concevoir, combien on
peut varier les effets de ces Girandoles,
par les différentes pofitions que l'on peut
donner à ce trou, fur toutes les parties
de la circonférence des Jets.

SEP-

SEPTIEME ESPECE.

Girandole à trois Jets.

Pl. 6.
Fig. 3.
FOrmez un tourniquet à trois tenons; y ayant placé des Jets, percez-en un au premier dégré, le second au quart, & le troisiéme au quart & demi, ou au cent trente-cinquiéme dégré; placez une E- toupille qui donne feu à tous les trous; vous verrez à la fois trois différents jeux de feu.

HUITIEME ESPECE.

Soleils tournans, & Girandoles en forme de rouë, à plusieurs reprises.

FOrmez une rouë comme la fig. 3. pl. 8. la représente, ou bien avec une simple planche coupée à pans, dont chacun ait au moins la longueur de vos Jets; per- cez un trou dans le milieu, pour donner entrée à un Essieu de bois, sur lequel il doit tourner librement. Plus l'Essieu est petit, moins le frottement est grand, & plus par conséquent la rouë a de facilité à tourner; Ainsi il doit suffire, qu'il ait la

force

force de la porter , & de réfifter au grand mouvement que le feu lui imprime.

Chargez des Jets fur un culot qui porte une pointe , & les rempliffez de compofition jufqu'au bout , à l'exception d'un, qui doit prendre feu le dernier , & que vous fermerez avec un tampon de papier mâché , pour le garantir du feu , lorfque le premier fait fon effet. Percez deux trous fur chaque pan de la roue , à trois ou quatre lignes du bord , pour paffer la ficelle, dont vous lierez vos Jets deffus; on fait ordinairement une cannelure fur l'épaiffeur de chaque pan, pour loger les Fufées , mais on peut s'en paffer. Ayant bien lié vos Fufées deffus avec deux tours de bonne ficelle , faites joindre & collez avec de l'amorce l'étoupille de chaque Jet à l'extrémité de celui qui le précéde ; puis couvrez - les tous proprement avec une bande de papier collé , de maniére, que le feu ne puiffe s'infinuer par aucun endroit. La gorge du premier eft marquée par un petit intervalle qu'on laiffe entre elle & l'extrémité du dernier , où il y a un tampon. On fait dans ce genre des Girandoles, ou Soleils , à autant de reprifes que l'on veut , en gardant la proportion qui doit être entre la force de chaque Jet , & la pefanteur de la roue qu'il doit faire tourner ; elle eft retenue fur fon Axe par une petite cheville de bois qui le traverfe. La Pl. 10. Fig. 4. en repréfente une à quatre pans , que l'on

K 5

peut

peut garnir de quatre, ou de deux Jets; on en fait aussi à trois pans.

Un grand deffaut qu'il faut éviter dans les Soleils, est un mouvement lent, qui les fait appeller paresseux; c'est le terme dont on se sert, lorsque les Jets ne sont pas assez forts pour imprimer à la roüe le mouvement qui convient. Ceux des Anciens péchoient par le contraire. Comme ils garnissoient leurs roües de Fusées volantes, le mouvement en étoit si vif, qu'on n'appercevoit qu'un cercle de feu ; aussi les nommoient-ils roüe de feu. Les nôtres, moins vives, parce qu'elles ne sont pas percées, laissent écarter les étincelles qui forment un Soleil fort brillant. On donne communément aux Jets, dont on les garnit, la longueur de cinq à huit diametres extérieurs.

CHAPITRE VII.

DU SPECTACLE PIRIQUE DONNE' A PARIS PAR LES SRS. RUGGIERY, SUR LE THEATRE DE LA COMEDIE ITALIENNE.

CE spectacle, qui est le plus beau, qu'on ait vû dans ce genre, a été exécuté par les Srs. Ruggiery, Bolonois, devant le Roi, & sur le théatre de la comédie Italienne, où tout Paris l'a vû
avec

avec un applaudissement général, au mois de Juillet 1743. & les années suivantes.

La difficulté, qu'ils ont trouvé le secret de surmonter, consiste à faire communiquer le feu d'une chose mobile à une fixe, au moyen dequoi ils peuvent le faire porter successivement & à tems, à toutes les parties de leur Artifice, pour lui faire former des jeux, & produire des effets, qui auroient parû impossibles avant cette découverte. La Mécanique m'en a parû si ingénieuse, que je me suis livré à en faire la recherche, charmé de la rendre publique, si je pouvois y réussir. Le travail & l'application que j'y ai donnés, n'ont pas été inutiles ; je suis parvenu à trouver cette communication de feu, & à donner un spectacle pareil au leur. Je ne puis dire, si c'est par les mêmes moyens, n'ayant nulle connoissance de ceux qu'ils employent ; mais ce qu'il y a de certain, c'est qu'ils produisent les mêmes effets.

La planche II. représente la machine toute montée. Voici l'explication des pieces qui la composent, chacune en particulier.

ARTICLE PREMIER.

De l'Axe.

Faites faire un Axe, ou Essieu de fer, de trois pieds & demi de long, donnez-lui

Pl. 10.
Fig. 10.

lui un pouce d'épaiſſeur en quarré par l'un des bouts , dans la longueur d'un pied, & que le ſurplus ſoit arrondi , & réduit à ſix lignes de diametre.

Placez , & rivez le bout quarré dans une croix de fer. Les deux parties qui la forment , doivent avoir huit pouces de longueur , quatre à cinq lignes d'épaiſſeur, & un pouce & demi de largeur ; qu'elle ſoit percée d'un trou à chacun des bouts, pour l'attacher avec des vis en bois contre quelque choſe de ſolide , & dans une ſituation horiſontale.

ARTICLE II.

Du Moyeu.

Pl. 9.
Fig. 2.
TOurnez un Cilindre de bois de ſix pouces de long, ſur ſix pouces de diametre ; percez - le d'un bout à l'autre d'un trou de ſix lignes de diametre ; puis à l'un des bouts donnez à ce trou une forme quarrée de trois pouces de profondeur , & d'un pouce de largeur , pour donner entrée à la partie quarrée de l'axe qui ſert à tenir la rouë ſtable, & à l'empêcher de tourner ; Reduiſez votre Cilindre à quatre pouces de diametre par le bout qui eſt percé en rond , ſeulement de la longueur d'un pouce, les cinq autres pouces étant conſervés dans leur

leur grosseur. Tracez au milieu de la surface de ce bout , un rond de quatorze
lignes de diametre , & un autre de trente lignes ; creusez l'entre - d'eux de ces
ronds , de la profondeur de dix - huit lignes , puis formez une rainure au fond de
la cavité , contre la partie extérieure , de
deux lignes & demi en quarré , rognez le
bord de cette partie extérieure de trois
lignes , afin que le Cilindre qui se trouve
formé au milieu , l'excéde d'autant. L'effet
de ce Cilindre est , d'empêcher le frottement du Soleil tournant que l'on y joint ,
contre le Moyeu , en laissant entre - deux
l'intervalle des trois lignes que vous avez
retranchées ; il ne doit frotter que sur le
Cilindre , lequel vous terminerez en demi - rond , pour que le frottement soit
plus doux.

Formez douze mortoises sur la circonférence de votre Moyeu , environ aux
deux tiers , du côté de la partie qui
n'est pas creusée ; ces mortoises servent à
placer les douze barres ci - après décrites.
Percez sur sa circonférence , à dix - huit
lignes de la surface creusée , deux trous
opposés de trois lignes de diametre , qui
joignent & communiquent à la rainure
qui est au fond de la partie creusée ; formez dans l'endroit , où les barres joignent
le Moyeu , une rainure circulaire de deux
lignes & demi en quarré , faites deux rainures droites qui communiquent des deux
trous à la dite rainure circulaire ; faites
encore une autre rainure circulaire , pareille

reille à la premiére, derriére, & joignant vos barres.

ARTICLE III.

Des Barres ou Rayons.

Pl. 10. *Fig.* 7. *&* 8. DOnnez-leur quatre pieds & demi de longueur, & un pouce & demi de largeur, fur un pouce d'épaiffeur, l'un des bouts doit fe terminer par un tenon, pour entrer dans les mortoifes du Moyeu, & l'autre bout doit être réduit fur le tour à un pouce de diametre dans la longueur de trois pouces & demi. Confervez-lui cette groffeur dans la longueur de dix-huit lignes, & réduifez le furplus à huit lignes & demi de diametre ; confervez lui cette groffeur dans la longueur de cinq lignes, & ce qui eft par de là, réduifez-le à fix lignes. Percez un trou de deux lignes de diametre dans cette derniére partie, à huit lignes au-deffus de celle de huit lignes & demi, qui doit porter un tourniquet, laquelle vous arrondirez un peu, pour en rendre le frottement plus doux. Le trou eft pour retenir le tourniquet fur fon axe, avec une petite cheville de bois qui le traverfe.

Formez deux cannelures oppofées, dans la partie d'un pouce de diamétre, qui ayent quatre lignes d'ouverture, & une

une ligne & demi de profondeur ; faites -
en autant à chacune. Les cannelures fervent à recevoir les Porte - feux chargés de
pouſſier, marqués A. B., qui doivent porter le feu dans la boëte du tourniquet,
pour le communiquer aux Fuſées qu'il
porte. Vous ferez des rainures dans les
barres, de la profondeur d'une ligne &
demi en quarré, la longueur en eſt tra-
cée ſur les figures qui les repréſentent.

Pour avoir plus de facilité à garnir
vos barres, & à tranſpoſer votre machine, vous pouvez les faire de deux piéces
qui ſeront jointes à languettes, & retenuës par deux chevilles..

ARTICLE IV.

Des Traverſes.

AYant poſé vos barres ſur le Moyeu, liez -
les les unes aux autres avec des Traverſes de bois d'un pouce en quarré, ter-
minées par un tenon à chaque bout, leſquelles entrent dans des mortoiſes creu-
ſées dans les barres. Il y en a une qu'on
nomme la clef qui y entre à couliſſe, &
fait ſerrer les autres ; il faut la placer la
derniére, & l'arrêter à chaque bout, avec
une cheville ; ces Traverſes doivent être
poſées à deux pieds deux pouces du Moyeu.

Pl 10.
Fig 9.

AR-

ARTICLE V.

Des Boëtes à recouvrement.

Pl. II.
Fig. 1.
& 2.
J'Appelle ainsi (le nom n'y fait rien, lorsqu'il s'agit d'une chose qui n'en a point) cette partie de la machine, dont je vais faire la description.

Tournez un rond de bois, de six lignes d'épaisseur, & de deux pouces & demi de diametre ; percez au milieu un trou, d'un pouce de largeur ; faites à l'un des bords extérieurs une entaille circulaire, d'une ligne & demi de profondeur, sur autant en largeur , & au bord intérieur du même côté, une autre entaille de deux lignes en largeur sur une ligne & demi en profondeur. Moulez un rond de carton , auquel vous donnerez deux pouces trois lignes de diametre intérieur, une ligne & demi d'épaisseur , & un pouce & demi de hauteur ; collez-le sur l'entaille extérieure qui est faite pour le placer , puis faites entrer le bout de la barre qui est tourné dans la Boëte , & la collez sur la partie d'un pouce de diametre joignant la barre.

AR-

ARTICLE VI.

Des Tourniquets.

REfervez deux tenons de fix lignes de diametre, & de neuf lignes de longueur,
à un rond de bois de fix lignes d'épaiffeur, & de deux pouces deux lignes de
diametre : percez au milieu un trou de
fix lignes, pour donner entrée à l'Effieu ;
formez dans ce rond, au-de-là de neuf
lignes & demi du centre, une rainure de
trois lignes & demi de largeur & d'une
ligne & demi de profondeur ; divifez cette rainure en deux parties, l'une de deux
lignes, &. l'autre d'une ligne & demi du
côté du bord extérieur : creufez celle d'u-
ne ligne & demi, & lui donnez en tout
trois lignes de profondeur ; collez dans
cette rainure un rond de carton, d'une ligne & demi d'épaiffeur, de feize lignes
de hauteur, & de vingt-trois lignes de
diametre intérieur, puis percez un trou
de deux lignes dans le rebord extérieur,
marqué A., à quatre lignes du tenon qui
traverfe le carton, & qui communique
à la rainure.

Pl. 11.
Fig. 3.
& 4.

L

ARTICLE VII.

Des Porte-Jets pour former l'Etoile.

Pl. 10.
Fig. 1.
ON forme une grande Etoile avec des Jets attachés fur fix barres, deux à chacune, dont les gorges qui fe croifent, font un angle, & le feu qui en fort, en fe rencontrant à un certain point avec le feu des autres Jets qui y allignent, forme une autre angle, & ainfi des autres.

Pour tenir & attacher ces Jets dans la fituation qui convient, on prépare fix morçeaux de bois, de quatorze lignes d'épaiffeur, dans chacun defquels il y a deux cannelures qui font un angle, dont on régle l'ouverture fur la longueur des barres, au bout defquelles le feu des Jets doit fe rencontrer, pour y former une autre angle. L'une de ces cannelures, qui eft par deffous, a dix lignes de profondeur, pour y loger en entier un Jet de fix lignes de diametre intérieur; celle de deffus n'a que trois lignes, afin que le Jet que l'on y place, foit au-deffus de l'autre, & le croife à l'endroit de la gorge, pour que leurs feux ne fe rencontrent point en fortant, comme cela arriveroit, s'ils étoient placés au même niveau.

Chaque Porte-Jet doit être percé de fix trous, deux au long de chaque cannelure pour attacher les Jets, & deux pour les che-

cheviller fur la barre dans l'endroit où font placées les traverfes ; on les lie outre cela avec de la ficelle que l'on paffe dans les mêmes trous qui attachent les Jets , & dans d'autres faits dans les traverfes. Les chevilles fervent à le maintenir dans la ligne droite qui partage l'angle ; fans cela il feroit difficile de l'attacher bien droit, à caufe du relâchement des ficelles. Il faut frotter les chevilles de favon, pour avoir plus de facilité à les ôter & à les mettre , & numéroter toutes les piéces de cette machine.

ARTICLE VIII.

Des Tambours que l'on garnit de Jets, pour en former des Soleils fixes.

CHoififfez un morçeau de bois conve-nable ; percez - le dans fa longueur a-vec un Virebrequin de fix lignes , mettez-le fur le tour, & formez - en un Cilindre, de fix pouces de longueur , & de quatre pouces d'épaiffeur ; réduifez - le par un bout, à trois pouces huit lignes de dia-metre , de la longueur de deux pouces une ligne ; réduifez - le enfuite à quatorze lignes de diametre de la longueur de dix-neuf lignes ; réduifez - le encore à onze lignes, de la longueur de cinq, que vous

Pl. 9.
Fig. 3.

L 2

forme-

formerez en demi - rond. J'appelle ces parties réduites, l'une le bouton, qui a cinq lignes de longueur ; l'autre le petit Cilindre extérieur, (parce qu'il en faudra figurer un intérieur à l'autre bout) qui en a quatorze ; & l'Entaille qui en a six. L'effet du Cilindre & du bouton qui le termine, est d'entrer dans la boëte d'un Soleil tournant, pour le tenir stable & dans un certain écartement du Soleil fixe, on le termine en bouton, pour en rendre le frottement plus doux, comme il a déja été dit. Formez une rainure circulaire, de deux lignes en quarré au bas de ce petit Cilindre, & deux rainures droites, opposées sur la surface de la partie où il est placé, qui communiquent à la dite rainure circulaire ; creusez ensuite deux cannelures, opposées de trois lignes de profondeur & de quatre lignes & demi d'ouverture, sur le petit Cilindre, dans lesquelles vous placerez les petits Porte - Feux, chargés de poussier représentés en x. Ils servent à donner feu à l'Etoupille qui est au fond de la boëte de la roüe du Soleil tournant.

Tracez sur la surface de l'autre bout un rond de quatorze lignes de diametre, & un autre de trente lignes ; creusez l'entre - deux de ces ronds de la profondeur de dix - huit lignes, puis formez une rainure au fond, contre la partie extérieure, de deux lignes en quarré ; rognez le bord de cette partie extérieure de trois lignes, afin que le Cilindre, qui est au milieu,

lieu,

lieu, l'excéde d'autant ; terminez-le en demi-rond, comme vous avez fait celui de l'autre bout. Percez sur sa circonférence, à dix-huit lignes du bord de la surface creusée, deux trous opposés de deux lignes & demi de diametre, qui joignent & communiquent à la rainure qui est au fond de la partie creuse.

percez neuf trous sur la circonférence du Tambour & au milieu, de neuf lignes de diametre, & de dix lignes de profondeur, pour y placer des Jets. *Pl.* 9. *Fig.* 3.

Moulez un rond de carton, de vingt lignes de hauteur, d'une ligne & demi d'épaisseur & de trois pouces huit lignes de diametre, que vous collerez à l'autre bout, sur la partie que vous avez réduite à pareil diametre pour le recevoir; puis avec un poinçon, faites deux trous au carton, qui communiquent aux rainures droites, par lesquels trous passera l'Etoupille qui doit communiquer le feu aux Jets du Soleil fixe.

Percez un trou de trois lignes de diametre, sur la circonférence du Tambour, à un pouce du bord de la partie massive, attachez sur ce trou un écrou avec deux vis en bois, dans lequel entrera une vis, le tout de fer, qui le traversera jusqu'à l'axe, & servira en la serrant, à le tenir fixe dessus.

On observera, que dans la figure qui représente ce Tambour, on a placé mal-à-propos cette vis sur la partie creuse.

L 3

ARTI-

ARTICLE IX.

Des Rouës des Soleils tournans.

Pl. 10. *Fig.* 5. *& 6.*

FOrmez avec une Planche, de six lignes d'épaisseur, une rouë à cinq pans, de huit pouces de diametre; puis en posant votre compas au centre, tracez dessus deux cercles, l'un de six lignes de diametre, que vous percerez pour donner entrée à l'Essieu, & l'autre de dix-neuf lignes; placez sur ce dernier un rond de carton, ou de fer blanc, de pareil diametre, & de dix-huit lignes de hauteur; vous le ferez tenir, soit en creusant dans le bois une rainure pour le recevoir, soit en l'attachant dessus avec des clous par des pattes qui y seront soudées ou collées. Creusez dans la rouë deux rainures, de deux lignes de largeur & de profondeur, l'une circulaire à l'intérieur & au pied du rond de fer blanc, & l'autre droite, qui communique d'un bout à la dite rainure circulaire, & de l'autre à la gorge de la Fusée, qui doit prendre feu la premiére; ces rainures sont faites pour y placer des Etoupilles pour la communication du feu.

Tracez sur l'autre côté de la rouë deux cercles, le premier de dix-huit lignes, & le second de quatre pouces & demi de diametre; placez sur ces cercles deux ronds de carton, ou de fer blanc, de pareil
diametre,

diametre, & de dix-huit lignes de hauteur, que vous y ferez tenir, comme il a été dit ci-deſſus. On n'a point repréſenté dans la fig. 5. le rond de fer blanc, de quatre pouces & demi de diametre, crainte d'en rendre le deſſein trop confus.

Creuſez dans la rouë deux rainures, de deux lignes de largeur & de profondeur, l'une circulaire, non en dedans du rond de fer blanc, comme doit être celle du côté de la rouë oppoſée, mais à l'extérieur & au pied du dit rond ; & l'autre droite, qui communique d'un bout à la dite rainure circulaire, & de l'autre à l'extrémité de la Fuſée qui doit brûler la derniére, par un trou que vous ferez avec le poinçon à arrêt un peu au-deſſus du tampon qui la ferme. Collez avec de la colle forte deux Porte-feux chargés de pouſſier contre le rond de fer blanc, de dix-huit lignes de diametre, & les appuyez ſur l'Etoupille circulaire, qui eſt en déhors, & au pied du dit rond, de laquelle ils doivent recevoir le feu, pour le porter dans la cavité du tambour du Soleil fixe.

Percez deux trous à chaque pan, à quatre lignes du bord, dans leſquels vous paſſerez une ficelle, pour attacher vos Jets deſſus.

AR-

ARTICLE X.

Du Coulant à Vis.

Pl. 9.
Fig. 4.

LE coulant fert à fermer la machine, après que les Soleils font enfilés dans l'Effieu. Ayant percé un morçeau de bois avec un Virebrequin de fix lignes, mettez-le fur le tour, & donnez-lui la forme d'un Cilindre, de trois pouces de long, fur deux de diametre ; confervez-lui fa groffeur dans la longueur de quinze lignes, réduifez le furplus à quatorze lignes, & à fix lignes du bout, faites une entaille d'une ligne & demi de profondeur, & la terminez en demi-rond comme le petit Cilindre intérieur du tambour; attachez enfuite un écrou, avec deux vis en bois, fur la partie de deux pouces de diametre, dans lequel entrera une vis, comme celle du tambour, & pour le même ufage.

ARTICLE XI.

Comment il faut garnir le Moyeu & les Barres.

GArniffez d'Etoupille la rainure qui eft au fond de la partie creufe du Moyeu,
les

les deux trous qui y communiquent, les deux rainures droites, la rainure circulaire qui eſt par devant & au deſſous des barres, & les rainures des ſix barres, juſqu'à deux pouces au-deſſus de l'endroit, où l'on doit placer les Porte-Jets qui forment l'Etoile, enſorte que le tout ſe communique; collez des bandes de papier deſſus, à l'exception de celle qui eſt au fond de la partie creuſe, que vous ferez tenir dedans avec de l'amorce.

ARTICLE XII.

De la garniture des Porte-Jets pour former l'Etoile.

AYant poſé vos Jets dans les cannelures du morçeau de bois qui les porte, paſſez une ficelle dans les trous, & les liez ſur la partie du Cartouche qui les déborde, tant du côté de la gorge, qu'à l'autre extrémité, en obſervant de poſer les deux gorges l'une ſur l'autre, pour qu'elles forment un angle; attachez-les enſuite ſur les barres, & collez ſur leur gorge le bout de l'Etoupille, dont les rainures des barres ſont garnies, puis les couvrez de papier collé, de maniére que le feu n'y trouve aucune entrée.

Pl. 12.
Fig. 1.

Vos Jets doivent avoir ſept pouces de longueur, y compris la gorge, ſix lignes

de

de diametre intérieur , & dix lignes de diametre extérieur. Chargez-les de compofition de Fufées volantes , dont auparavant vous ferez l'effai, pour ouvrir, ou fermer les angles de l'Etoile , fuivant la portée du feu, qui ne doit pas excéder le point de rencontre qui les forme , ou pour réduire la compofition , fuivant la longueur des angles ; vous diminuerez encore fa portée, en ouvrant le trou de l'étranglement.

Vous pouvez auffi les charger, moitié en compofition de Fufées volantes, qui fera la prémiére , & l'autre moitié en brillant bien fin, que vous affoiblirez un peu, en y ajoûtant du Soufre , pour qu'il ne jette pas plus loin que la prémiére compofition.

ARTICLE XIII.

De la garniture des boëtes à recouvrement.

PErcez à chaque barre un des deux Jets, qui fervent à former l'Etoile , à fon extrémité inférieure un peu au - deffus du tampon, & y placez une Etoupille dans un porte - feu, qui communiquera à la barre d'à côté , laquelle Etoupille vous conduirez dans la rainure de la barre jufqu'à

la

la rainure circulaire qui eſt dans la boëte, par le trou de communication qui y
eſt fait en A. Pl. 11. Fig. 2. Garniſſez-la
auſſi d'une Etoupille ; collez enſuite avec
de la colle forte deux porte-feux chargés de pouſſier, dans les cannelures de la
partie cilindrique qui traverſe la boëte,
leſquels doivent poſer ſur l'Etoupille de la
rainure circulaire, dont ils reçoivent le
feu. Couvrez de bandes de papier collé,
la rainure de la barre, la rainure circulaire de la boëte, & ſoudez bien vos ſix
porte-feux, tant aux barres, qu'aux Jets.

ARTICLE XIV.

Des Porte - feux remplis de Pouſſier,
pour communiquer d'une choſe mo-
bile à une choſe fixe.

MOulez ſur une petite baguette de fer,
de trois lignes de diametre, des petits cartouches de carte, couverts de papier gris, de treize lignes de longueur, &
de quatre lignes de diametre extérieur ;
enfoncez la baguette dedans, de la longueur
d'un pouce, & rempliſſez le vuide d'une
ligne qui reſte, avec de l'amorce, pour le
fermer par un bout. Quand elle eſt ſéche, mettez avec une plume du pouſſier
bien mobile, & ſans le preſſer, dans le cartouche, à la hauteur des deux tiers, ou des
trois

trois quarts au plus : puis ayant mouillé de colle forte le bord du cartouche, posez dessus un petit rond de papier brouillard, qui le ferme exactement. Ces porte-feux se posent dans les cannelures faites sur le Cilindre extérieur des tambours des Soleils fixes, sur celles de la partie Ci-lindrique des barres d'un pouce de dia-metre, qui traverse les boëtes; & sur l'ex-térieur du rond de fer blanc de dix-huit lignes de diametre des Soleils tournans. Le bout amorcé doit être posé sur l'Etou-pille de la rainure circulaire qui est au bas, dont ils reçoivent le feu. Leur ef-fet est de le lancer dans la rainure qui est au fond des boëtes des tourniquets, & de la partie creuse des Soleils fixes.

ARTICLE XV.

De la garniture des Tourniquets des Girandoles.

Pl. 10.
Fig. 2.
& 3.
& *Pl.* 11.
Fig. 3.
& 4.

PRenez deux Jets, de cinq pouces de lon-gueur, y compris la gorge, & de six lignes de diametre intérieur; bouchez-en la gorge avec un tampon, & les chargez sur un culot sans broche, en composition de Fusées volantes, jusqu'à la moitié, & l'autre moitié en feu brillant. Les ayant remplis à neuf lignes près, mettez-y un petit tampon, & les placez sur les tenons
des

des Tourniquets, après les avoir un peu enduits de colle forte ; percez l'un à quarante-cinq dégrés de sa circonférence, & un peu au-deffous du tampon, & l'autre à deux-cent-vingt-cinq ; paffez une Etoupille dans le trou qui communique à la rainure qui eft au fond de la boëte du Tourniquet, garniffez-en la dite rainure, & l'y collez avec de l'amorce, renfermez l'autre bout dans un porte-feu, & le conduifez au trou de lumiére d'un de vos Jets; percez ce même Jet une ligne ou deux au-deffus du tenon, collez-y une Etoupille renfermée dans une porte-feu brifé, conduifez-la au trou de lumiére de l'autre Jet, & couvrez-en bien les extrémités & les jointures avec du papier collé ; obfervez de mettre toûjours du pouffier dans les trous, avant d'y coller l'Etoupille. Ayant ainfi garni fix Tourniquets à deux tenons, pofez-les fur l'Effieu qui termine les barres garnies de boëtes, & les y retenez avec une petite cheville.

Il eft préfentement facile de concevoir, comment fe fait la communication du feu d'une chofe fixe, à une chofe mobile, au moyen des petits porte-feux, remplis de pouffier, qui, fans toucher à l'Etoupille qu'ils doivent enflammer, lancent leur feu deffus, en tirant un coup. La boëte du Tourniquet, & celle de la barre, qui entrent l'une dans l'autre, couvrent & garantiffent les Etoupilles
                                        qu'elles

qu'elles renferment , du feu extérieur qui pouroit s'y introduire.

ARTICLE XVI.

De la garniture des Soleils fixes.

CHargez neuf Jets, de huit pouces de long, de six lignes de diametre intérieur , & de dix lignes & demi d'extérieur, premiérement de la composition des Lardons en poudre jusqu'à la moitié, & l'autre moitié en feu brillant. Diminuez avec un couteau un peu de l'épaisseur du cartouche par en bas, & les collez dans les trous ; collez ensuite un porte - feu de la gorge de l'un à la gorge de l'autre , & couvrez - en bien les extrémités & les jointures ; passez des Etoupilles dans les deux trous qui communiquent à la rainure qui est au fond de la partie creuse du tambour ; Garnissez - en la dite rainure , & l'y collez avec de l'amorce ; renfermez les deux autres bouts dans deux porte - feux, & les conduisez à la gorge de deux de vos Jets opposés.

Garnissez ensuite d'Etoupille la rainure circulaire qui est au bas du Cilindre extérieur ; posez dessus & dans les cannelures deux porte - feux remplis de poussier ; placez ensuite une Etoupille dans chacune des rainures droites, qui communiquent

muniquent d'un bout à la rainure circulaire, & de l'autre à l'extremité de deux
Jets oppofés, que vous percerez à une
ligne ou deux au-deffus du tambour; &
couvrez bien le tout de papier collé.

ARTICLE XVII.

De la garniture des Soleils tournans.

CHargez cinq Jets, trois en brillant, &
deux en compofition de Lardons;
garniffez-en votre roue, en attachant alternativement un d'une efpéce & un de
l'autre, en commencant par un brillant,
dont la gorge doit être fur la rainure
droite qui communique à la rainure circulaire faite au dedans du rond de fer
blanc; garniffez l'une & l'autre d'Etoupille, dont vous collerez le bout fur la gorge de votre Jet.

Placez de même un Etoupille de l'autre côté de la roue, dans les rainures
tant circulaires que droites, qui viendra
rendre à l'extrémité du dernier Jet, que
vous percerez avec un poinçon, & collerez le bout de l'Etoupille deffus.   Vous
collerez enfuite deux porte-feux de pouffier fur le rond de fer blanc, l'un d'un
côté, & l'autre à l'oppofite, en obfer-
vant, que le bout amorcé de ces porte-
feux pofe fur l'Etoupille qui eft placée

Pl. 10.
Fig. 5.
& 6.

dans

dans la rainure circulaire au pied & à l'extérieur du dit rond de fer blanc, laquelle doit leur donner feu ; puis vous collerez du papier, tant sur les rainures, que sur les Jets, après les avoir amorcés, pour que le feu se communique de l'un à l'autre.

On les amorce, en collant l'Etoupille de la gorge d'un Jet, sur l'extrémité de celui qui le précéde.

ARTICLE XVIII.

De l'assemblage des Soleils tournans & fixes sur l'axe.

Pl. 11.
Fig. 5.
AYant ainsi préparé autant de Soleils fixes & tournans, que vous en voulez tirer, frottez l'axe de savon & toutes les parties qui frottent ; enfilez un Soleil tournant, le côté des porte-feux tourné vis-à-vis le Moyeu, dans lequel ils doivent entrer, pour donner feu à la rainure intérieure ; placez ensuite un Soleil fixe, dont vous ferez entrer le petit Cilindre dans la boëte du Soleil tournant, qui y communiquera le feu ; arretez-le avec la vis, & prenez garde, qu'il ne gêne point trop le Soleil tournant, qui doit se mouvoir librement sur l'axe, sans aussi lui donner trop de jeu. Enfilez les autres de même, en mettant alternativement un
Soleil

Soleil fixe, & un tournant; & finissant par ce dernier, vous l'arrêterez avec le coulant à vis. Lorsque vous voudrez le tirer, faites une petite ouverture au bonnetage de la gorge du premier Jet, pour y donner feu ; vous verrez avec satisfaction, qu'il se succédera , & se communiquera à tems , & sans intervalle , d'un Soleil à l'autre, puis à l'Etoile , & à l'Exagone formé par les Girandoles. Cet Exagone changera quatre fois de feu, & deux fois de forme.

ARTICLE XIX.

De six Soleils tournans , que l'on peut ajoûter à la machine , qui partent à la fois & immédiatement après l'Exagone formé par les Girandoles. De l'Etoile , comment on peut la doubler , & la faire devenir simple.

LE Spectacle, que cette machine sert à donner, est susceptible de plusieurs changements. Les Sieurs Ruggieri donnent quelquefois six Soleils tournans en place des Girandoles qui forment l'Exagone; mais je n'ai point vû, qu'ils les ayent exécutés ensemble , & avec l'Etoile, ce qui en augmenteroit fort la beauté. Je ne

M

pense

penſe pas pour cela, qu'ils ne ſoïent fort
en état de le faire, étant ſans contredit
les plus habiles gens qui ayent paru dans
ce genre. Voici ce que j'ai imaginé pour
faire ſuccéder l'un à l'autre, & qui m'a
réuſſi.

La machine étant garnie, comme je
viens de la repréſenter, percez un trou
B. Pl. 10. Fig. 7., de ſix lignes de diametre, dans chacune de ſix barres, ſur leſquelles ſont poſés les Jets de l'Etoile, à
quatre pieds du Moyeu. Percez encore
un autre trou C. de deux lignes de diametre, ſur les mêmes barres, à quatre
pouces au-deſſous de celui B. Ayez ſix
boëtes faites, & garnies d'Etoupille & de
porte-feux, comme celles qui portent les
Girandoles. Leur Eſſieu doit être arrondi en forme de cheville dans la partie A.
Pl. 10. Fig. 3. pour entrer dans le trou B.
de la barre Pl. 10. Fig. 7., où il doit être
placé dans une ſituation verticale, pour
former un Soleil tournant.

Garniſſez ſix Tourniquets de la même
maniére que ceux des Girandoles des ſix
autres barres, placez-les ſur l'Eſſieu de
vos boëtes à recouvrement, & les y attachez avec une cheville.

Placez une Etoupille dans la rainure
circulaire du Moyeu qui eſt derriére, &
joignant les barres; puis conduiſez une
Etoupille derriére, & ſur chacune des ſix
barres, depuis la rainure circulaire du
Moyeu, juſqu'au trou C., faites-la paſſer
par ce trou, & de-là, conduiſez-la ſur
le

le devant de la barre jufqu'au trou D. de la boëte à recouvrement Pl. 10. Fig. 3., par lequel vous la ferez communiquer à l'Etoupille de la rainure circulaire qu'elle renferme, pour y donner feu.

Percez un trou dans la furface plane du Moyeu, vis-à-vis la croix, & y placez un porte-feu de carton chargé en compofition de Fufées volantes, ou autres, qui puiffe durer autant que les Girandoles, ce qu'il eft aifé de faire en l'effayant. Je le place derriére le Moyeu, pour que fon feu, qui doit être caché, ne foit point apperçû des Spectateurs.

Percez un des Jets de votre Etoile à fon extrémité, collez-y une Etoupille renfermée dans un cartouche de lance, & la conduifez fur votre porte-feu de carton, lequel vous percerez enfuite à fon extrémité inférieure contre le Moyeu, & y placerez une autre Etoupille couverte, qui ira porter le feu dans la rainure circulaire du Moyeu, & qui de-là fe diftribuera dans les fix barres, d'où il fe communiquera aux Soleils tournants, dans l'inftant que les Girandoles auront fini leur effet.

On peut, par le même moyen, faire, que l'Etoile, de fimple qu'elle eft, devienne double, & qu'enfuite elle redevienne fimple. Placez fur les barres douze porte-jets, dont fix doivent avoir vingt-huit lignes d'épaiffeur, pour que les feux ne fe rencontrent point & paffent les uns au-deffus des autres, lorf qu'elle dou-

M 2

blera

blera; six prendront feu par les rainures extérieures des barres, & le donneront en même tems à un porte-feu de composition lente caché derriére le Moyeu, qui, lorsque l'Etoile sera consumée à moitié, le communiquera par les rainures des six autres barres du côté de la croix aux six autres porte-jets, qui la doubleront, tant que les premiers jets dureront, après quoi elle redeviendra simple.

Pour en rendre l'effet plus beau, il faut que la premiére moitié des douze premiers Jets soit chargée en brillant, leur seconde moitié, & la premiére des douze autres, en composition de Fusées volantes, & leur derniére moitié en brillant.

ARTICLE XX.

Autre Espéce d'Etoile ; Berçeau de feu ; Imitation en feu des Jets d'eau ; Machine conique & spirale. Feu Guilloché ; de la fumée, ce qu'il faut faire pour que les Spectateurs n'en soyent point incommodés.

TRacez un rond d'un pied & demi de diametre, sur une planche d'un demi pouce d'épaisseur ; ayant taillé ce rond, attachez dessus douze Jets dans la position
repré-

repréſentée Fig. 5. Pl. 9., garnis de porte-feux de l'un à l'autre ; ils formeront ſix angles de feu, vous pourrez doubler les angles, ou rayons, en garniſſant le rond de bois par derriére d'un pareil nombre de Jets, qui formeront ſix autres angles dans les Interſtices des premiers. Cette Etoile eſt beaucoup plus ſimple, & plus facile à exécuter, que l'eſpéce précédente ; Il eſt vrai, que l'effet n'en eſt pas tout-à-fait ſi beau, n'y ayant point d'angle formé à la gorge des Jets. C'eſt ainſi que je l'ai vû exécuter aux Srs. Ruggieri.

Je leur ai auſſi vû donner pour Spectacle, la repréſentation en feu du Berçeau du Palais Royal, & un autre, qu'ils appellent les Eaux. Le deſſein du premier eſt formé par des bouts de lances, de deux pouces de longueur, liés & collés avec une bande de papier à un clou d'épingle cloué ſur le bord des treillages, qui le compoſent, à la diſtance de trois pouces les uns des autres, ils prennent feu en même tems par des Etoupilles de communication renfermées dans de petits cartouches de papier, collés de l'un à l'autre ; pluſieurs Soleils tournans, à trois répriſes renfermés dans les treillages de ce Berçeau, partent à la fois ; leur feu, qui eſt reſſerré & rompu, s'échappe à travers, & le fait paroître tout en feu.

Le Spectacle des eaux eſt à-peu-près formé de la méme maniére ; il y a de plus des nappes de feu qui forment une caſcade dans le milieu, & des Jets & fon-

taines

taines de feu dans les côtés, qui imitent les jeux des Eaux.

On y voit auffi une machine conique & fpirale, mobile fur le pivot qui la porte, laquelle eft garnie de petites lances un peu inclinées, que leur preffion fur la lame de fer blanc, dont cette machine eft formée, fait tourner.

Plus cette inclinaifon fera grande, plus fon mouvement fera vif ; on peut auffi l'augmenter, en ajoûtant du pouffier à la compofition des lances, pour rendre leur preffion plus forte.

La lame de fer blanc eft faite de plufieurs bandes d'égale largeur, foudées les unes au bout des autres ; on clouë l'une de fes extrémités fur le pied du couronnement, on la contourne en volute, & on lui donne en grand la forme d'un reffort de montre ; puis en courbant un peu chaque révolution, on lui fait prendre la forme d'un cone. Si la machine eft grande, fon propre poids & celui des lances, lui donneront naturellement cette courbure ; & dans le cas, où elle en prendroit trop, comme cela viendroit, de ce qu'elle feroit plus grande & plus chargée qu'elle ne devroit l'être proportionnément à la force de la lame, il faudroit alors, ou en diminuer la grandeur, ou lui donner plus d'épaiffeur, pour en augmenter la force ; on peut en place d'une lame, fe fervir d'un fil de fer, d'une groffeur proportionnée. Le pied du couronnement aura une petite cavité dans le milieu de fa furface

face inférieure, pour recevoir la pointe du pivot, sur lequel la machine doit tourner.

Une Girandole, à laquelle le même pivot sert d'Essieu, en fait la baze; mais son mouvement n'a rien de commun avec celui de la spirale; elle est terminée par une espéce de sphére qui en fait partie, & tourne avec, ou par une couronne formée avec de pareilles lances; la Girandole, en prenant feu, le porte aux lances de la spirale & de la couronne, par une Etoupille qui communique à toutes. Cette machine est représentée Pl. 13. Fig. 3.

Le feu guilloché est aussi de l'invention des Srs. Ruggieri. Il se fait en plaçant sur le même axe, deux roües garnies chacune de quatre Jets, qui doivent tous huit prendre feu en même tems; ceux d'une roüe sont disposés pour la faire tourner à droite, & ceux de l'autre en sens contraire, ce qui fait, que leurs feux se croisent & forment le guilloché. Voyez la Fig. 1. Pl. 13. qui le représente.

Il me reste à parler de la fumée, qui, lorsque ce Spectacle est donné dans un endroit couvert, empêcheroit d'en voir l'effet, & incommoderoit beaucoup les Spectateurs. On ouvre à la Comédie Italienne la partie du Plattonds qui est au-dessus du feu, la fumée monte dans le ceintre, & sort par plusieurs fenêtres; elle ne paroît pas plus, que si on le tiroit sous une grande cheminée. Il faudra faire

à-peu-à peu - près la même chofe dans les endroits clos, où l'on voudra donner ce Spectacle, n'y ayant pas d'autre moyen de s'en garantir; mais le mieux eft de le tirer dehors. On obferve, que l'Artifice rend beaucoup plus de fumée, lorfque l'air eft chargé de vapeurs & d'humidité, que par un tems ferein.

CHAPITRE VIII.

DES LAMPIONS.

LES Illuminations font un de nos plus beaux Spectacles, lors qu'un tems calme & ferein permet de jouïr de leur éclat, & que le deffein eft fait avec goût. Elles font formées de petits Lampions de fer blanc, cloués fort près les uns des autres fur des planches de fapin, fur lefquelles le deffein eft tracé. Ces Lampions doivent avoir au milieu une petite virole, ou bobéche de même matiére, fort courte, qui y eft foudée, dans laquelle on place une méche de cotton, avant d'y verfer le fuif. Quelques heures avant de les allumer, on frotte leur méche avec un pinceau trempé dans de l'huile de Spic, qui, étant très inflammable, fert à les allumer dans l'inftant qu'on en approche la flamme d'une bougie. Si l'on veut les allumer tous à la fois, & dans un clin-
d'œil,

d'œil, il faut, après avoir frotté la méche d'huile de Spic , y attacher gros comme une noisette de pâte d'Etoiles, en la pressant contre , & coller avec de l'amorce des bouts d'Etoupille de l'un à l'autre ; la promptitude, avec laquelle on passe des ténébres à la lumiére . & dont le dessein se trouve formé, plaît beaucoup aux Spectateurs.

QUATRIÉME PARTIE.
Des Feux Aquatiques.

CEtte quatriéme partie comprend les différentes espéces de feux qui brûlent sur l'eau, & dans l'eau.

Quelques contraires que soient leurs effets à la nature du feu, je ne donnerai pas d'autre composition pour les charger, que celle de l'artifice d'air ; les drogues que l'on y ajoûtoit autre fois par charlatanerie, ou par ignorance, étoient non-seulement inutiles, mais même en ralentissoient l'action. Toutes les Fusées d'air & de terre brûlent dans l'eau, il ne s'agit que de les mettre en état de se soutenir dessus, & d'en diversifier les effets.

CHAPITRE PREMIER.
DES GENOUILLE'RES.

LES Genouilléres servent pour l'Artifice d'eau, comme les Lardons pour l'Artifice d'air; on les employe à en garnir les Barils de trompe, les Pots à feu & les Ballons aquatiques. On les nomme aussi Dauphins & Canards ; leur effet est de serpenter sur l'eau.

Pl. 8.
Fig. 4.

On

On les charge comme les Jets, en brillant, ou en composition de Fusées volantes, dans un cartouche d'épaisseur proportionnée, auquel on donne six à sept diamétres de longueur. Ayant ainsi chargé un Jet, fermez-le avec un tampon, & le percez, pour donner feu à un petit maron, que vous collerez dessus; attachez ensuite le fourreau sur l'extrémité de la Fusée, qui porte le maron; ce fourreau est un cartouche vuide, fort mince de gros papier, ou de carton à trois feuilles, roulé simple sur une baguette du diametre extérieur du Jet, ou même sur un cartouche vuide de pareille grosseur; fermez-le par un bout, pour empêcher l'eau d'y entrer, soit en l'étranglant & mettant un tampon dedans, soit en y collant un rond de carton; si vous l'étranglez, coupez ce qui excéde l'étranglement, & le frappez pour le mettre à l'uni; puis collez un papier dessus. L'ayant ainsi bien bouché, rognez-le à la longueur des trois quarts de la Fusée; découpez le bout non étranglé en plusieurs languettes, de la longueur d'un diametre & demi, faites entrer la Fusée dans cette partie découpée, qui sert à couder le fourreau; donnez-lui une coudure qui forme un angle d'environ cinquante dégrés, liez-le dessus avec du gros fil, & collez une bande de papier sur la ligature, engorgez-la, & l'amorcez.

Tout Artifice d'eau doit être extérieurement enduit du suif, pour empêcher

l'eau

l'eau d'agir fur le papier, & le carton qui le couvrent, de ramollir les différentes colles qui en joignent les parties, & de pénétrer dans la compofition, qu'elle ralentiroit beaucoup, fi même elle ne l'éteignoit pas. Ainfi vous ferez fondre du fuif, & avec un gros pinçeau de poil de porc, vous en couvrirez entiérement vos Genouïlléres, à l'exception de l'amorce ; elles feront alors en état d'être tirées, foit à la main, foit pour en garnir quelque Artifice aquatique.

Le fourreau fert à foutenir les Fufées fur l'eau, en rendant la partie oppofée à la gorge plus légére, qu'un pareil volume d'eau. Quant à la gorge, elle eft foutenuë par la dilatation de la matiére enflammée qui la vuide ; & la preffion de l'air extérieur, lui donne un mouvement que la coudure, par les obftacles qu'elle forme, & qu'elle trouve dans l'eau, rend inégal & tortueux.

Lors qu'on les charge en compofition de Fufées volantes, il faut mettre après deux charges de compofition, une demi-charge de pouffier ; cela les reveille, & leur fait faire un faut, chaque fois que le feu trouve le pouffier.

Quand les Genouïlléres font trop petites, pour y placer un maron, il faut y mettre une charge de poudre grainée comme aux Lardons, avec un tampon, & étrangler par deffus.

On fait de fort petites Genouïlléres, dont le cartouche eft de papier que l'on, peut tirer fur une table au deffert dans un grand baffin plein d'eau, pour amufer les conviés; Il faut les charger de la compofition de petits Serpenteaux en papier, & n'y point mettre de pet, crainte d'accident.

CHAPITRE II.

DES FUSE'ES COURANTES SUR L'EAU QUI ONT UNE DIRECTION DROITE.

CHargez un Jet dans les mêmes proportions que les Genouïlléres en brillant, ou en feu commun; collez quatre Panaçeaux de carton à fon extrémité oppofée à la gorge, qui foient coupés en triangle rectangle, de deux diametres extérieurs de largeur, fur trois de longueur, qui ferviront à lui donner une direction droite, & à foutenir fur l'eau cette partie de la Fufée qui y enfonceroit & entraineroit la gorge. On peut encore, en donnant à ces Fufées moins de longueur, y attacher un fourreau comme aux Genouïlléres, avec cette différence, qu'il doit être droit, leur mouvement ne fera pas fi régulier qu'avec des Panaçeaux, mais elles feront plus faciles à faire.

Pl. 8.
Fig. 5.

Pl. 8.
Fig. 7.

CHA-

CHAPITRE III.

DES PLONGEONS, OU FUSE'ES QUI BRÛLENT SUR L'EAU, ET PLONGENT POUR REPAROÎTRE DE NOUVEAU.

Pl. 8.
Fig. 6.

PRenez un cartouche qui ait huit diametres extérieurs de longueur, & dont l'ouverture de la gorge soit aussi large que celle d'une Fusée volante de pareil diametre; chargez-le sur un culot sans broche, d'un mélange de la composition des Fusées volantes & de celles des lances, par moitié; mettez, après deux ou trois charges, un plein dez de poudre grainée, plus ou moins, suivant la grosseur du cartouche, & continuez d'en mettre pareille quantité, jusqu'à-ce que la Fusée soit chargée. Cela sert à faire plonger la Fusée, de même qu'un canon, qui recule à proportion du plus ou du moins de poudre dont il est chargé; elle reparoît sur l'eau à quelque distance de là, avec un feu aussi vif, que lors qu'elle y est entrée. Chargez le dernier diametre de votre Fusée avec du sable, & la fermez avec un tampon, tournez un morceau de bois rond, plus large qu'épais, en forme d'oignon, qui ait trois fois le diametre extérieur de la Fusée; percez-le au milieu
d'un

d'un trou affez large, pour qu'elle puiffe y entrer, & l'y collez au - deffous de l'étranglement. Le fable fert à lui donner dans l'eau une pofition perpendiculaire , & le rond de bois la foutient deffus.

CHAPITRE IV.

DE BARILS DE TROMPES.

PREMIE'RE ESPE'CE.

FOrmez fept gros fourreaux de trompes, comme il a été dit dans le Chapitre qui en traite ; fciez une planche en rond de la largeur de fept tuyaux unis enfemble ; tracez deffus fept ronds, un au milieu, & fix au tour , de la largeur du diametre extérieur des fourreaux ; tracez encore un rond dans chacun, qui fera la mefure de leur diametre intérieur ; clouez fur ceux-ci fept rotulles de bois de pareil diametre, & d'un pouce d'épaiffeur, fur lefquels vous placerez vos fourreaux, & les y collerez & clouerez. Les ayant ainfi arrêtés par en bas, liez-les & les uniffez par en haut avec de bonnes ficelles ; formez fept trompes , proportionnées aux fourreaux dans lefquels elles doivent entrer, garniffez-les de différentes efpéces d'artifice ,

Pi. 8.
Fig. 8.
& 9.

tifice, tant d'eau, que d'air ; comme Genouïlléres, Plongeons, Fusées courantes, de grosseur proportionnée, Lardons, Serpenteaux & Etoiles. Mettez-les dans les fourreaux, & placez une Etoupille de communication de la Fusée du milieu, aux six autres, afin qu'elles partent toutes à la fois. Entourrez ensuite vos trompes de papier collé depuis le bas jusqu'en haut, ce qui leur donne la forme d'un Baril, puis graissez-le bien de suif. Il faut attacher deux crampons sous le fond du Baril, pour y lier une pierre, ou un petit sac rempli de sable, qui sert, par son poids, à tenir le Baril droit, & à l'enfoncer dans l'eau des deux tiers. Ce mélange de différentes espéces d'artifices, garnit beaucoup, & produit un bel effet.

SECONDE ESPE'CE.

FOrmez une espéce de lanterne avec deux planches sciées en rond, & retenuës par trois ou six bâtons, dans un écartement mesuré à la hauteur des fourreaux de trompes ; percez sept trous dans la planche de dessus, de la largeur de vos fourreaux, & à la distance de trois à quatre pouces les uns des autres ; clouez sur celle de dessous sept rotules de bois, pour fermer les fourreaux, qui doivent être collés dessus, après les avoir fait entrer dans les trous de la planche supérieure ; placez
vos

vos trompes dedans, & du reste faites de même que pour l'espéce ci-dessus. Comme les tuyaux ne se touchent point, l'effet des différentes reprises de chaque trompe est plus distinct.

Si vous voulez, que vos sept trompes ne prennent feu que successivement, répandez un peu de poussier dans les fourreaux, avant que de les mettre dedans, faites-y un trou avec un poinçon vis-à-vis la chasse du dernier pot de chaque trompe, & placez une Etoupille renfermée dans un cartouche, qui communique au premier porte-feu de la trompe la plus proche, & ainsi des autres; mais l'effet est plus beau, lors qu'elles partent toutes à la fois.

CHAPITRE V.

DES POTS-A'-FEU D'EAU ET BALLONS.

LEs Pots-à-feu aquatiques ont la même forme, & sont composés comme les Pots à Aigrettes, avec cette différence, qu'on attache un contrepoids dessous, comme aux Barils de trompes, & qu'on les enduit de suif. On les garnit de Genouïlléres, & autre artifice d'eau ; Un Jet chargé en brillant, lié à un sac à poudre, leur donne feu, & les jette en l'air,

N   d'où

d'où ils retombent pour serpenter sur l'eau.

Lors qu'on veut leur faire jetter des Ballons, on attache le Jet sur l'extérieur du Pot-à-feu, vis-à-vis un trou qui le traverse, par lequel le Jet en finissant communique feu à la chasse. On fait les Ballons en carton comme ceux d'air, & on les garnit d'artifice d'eau & d'air mélés ensemble, comme Genouilléres, Serpenteaux, Brochetes, Etoiles, Marons &c. Lorsque les Ballons sont fort gros, on fait en bois les Pots-à-feu, ou Mortiers, qui servent à les jetter, avec des douves liées de cercles de fer, & gauderonnées extérieurement, pour que l'eau n'y puisse pénétrer.

CHAPITRE VI.

DES JATTES, OU SOLEILS D'EAU.

Pl. 8. *Fig.* 10. PRenez une grande jatte de bois, dont les bords soïent élévés ; attachez six jets autour, comme vous feriez autour de la rouë d'un Soleil tournant ; placez dans le fond de votre jatte un sac à poudre, & un Jet pour y donner feu ; picquez-le, & répandez du poussier dessus ; puis remplissez la jatte de Genouilléres & autres artifices, & la couvrez d'un carton, comme on fait les Pots à Aigrettes ;

tes ; placez enfuite un porte - feu , qui communique de l'extrémité du dernier des Jets qui forment le Soleil , à la gorge de celui qui doit donner feu à la chaffe , couvrez vos Jets de papier collé , & graiffez bien le tout. Le feu étant donné au premier, fe communiquera fucceffivement aux autres, en faifant tourner la jatte , qui formera un Soleil; il paroîtra enfuite un Jet de feu , qui en finiffant , fera partir une belle garniture de Genouïlléres.

On peut en faire de plus compofées, & former une Piramide de jets & de lances fur la jatte, qui doit être affez large & affez forte , pour porter une légére charpente , fur laquelle on les attache dans différentes fituations , pour en varier l'effet. La jatte , en ce cas , doit être un grand baquet, & fa garniture ; des Pots à Aigrettes préparés pour l'eau , & garnis de Genouïlléres ; on les couche fur la chaffe , qui y donne feu , en les jettant.

Les jets qui forment le Soleil tournant, doivent être fort gros , pour donner le mouvement qui convient à la machine, ou , ce qui eft encore mieux , des Fufées volantes, dont l'effet eft beaucoup plus vif, à caufe qu'elles font percées , & que d'ailleurs elles rifquent moins de crever que les jets, qui y font fort fujets , lors qu'ils font gros.

J'ai vû chez le Sieur Teftard, Doyen des Artificiers à Paris , différents modéles de piéces d'eau très compofés , & d'une ma-

niére

niére fort ingénieuse. On ne met le feu qu'à un endroit, d'où il se communique successivement à toutes les parties de la machine composée de jets, lances, napes, pots-à-feu d'air, & Pots à Aigrettes garnis de Genouïlléres, le tout arrangé en forme de Piramide, & posé sur une espéce de petit bateau octogone, dont les bords sont peu élevés; elle ne tourne point, mais flotte au gré de l'eau, & forme elle seule un petit feu d'artifice.

Une autre est une caisse octogone, qui a la forme d'une Fusée, c'est-à-dire, qu'elle est plus large en haut qu'en bas, & qu'elle est fermée de même par un chapiteau, elle est garnie en dedans d'un rang de Pots-à-feu, au milieu desquels sont placées, sur une grille, trois douzaines de doubles marquises; elle est soutenuë sur l'eau par une bordure de planches octogones qui l'entoure au deffaut de sa partie la plus grosse, laquelle bordure, ainsi que le Chapiteau, sont garnis de jets qui forment une Piramide, & donnent feu, en finissant, à la caisse.

CHA-

CHAPITRE VII.

DES SOLEILS TOURNANS ET COURANS SUR L'EAU.

PREMIE'RE ESPE'CE.

Soleil qui tourne & court en ligne droite.

Placez un Soleil tournant de la huitiéme espéce entre deux roües de carton; sur un Essieu de bois qui soit quarré, ainsi que les trous faits pour le recevoir dans les roües & Soleil, afin que le tout soit fixe sur l'Essieu.

Ces roües seront creuses, & vous leur donnerez assez de hauteur, pour que le Soleil ne touche point l'eau, & assez de largeur, pour qu'elles se soutiennent dessus; elles toucheront immédiatement le Soleil, & seront retenues dans cette situation, par une clavette de chaque côté, qui traversera l'Essieu, ensorte que ces trois piéces ainsi jointes, n'en fassent plus qu'une.

Ayant posé cette machine sur l'eau, vous la verrez tourner & avancer en ligne droite, dès que vous y aurez donné feu.

Vous formerez chacune de ces roües avec deux ronds de carton; quelques mor-

çeaux

çeaux de bois collés de colle forte entre deux, en régleront l'épaisseur, en les tenant dans l'écartement qui convient ; ils serviront aussi à les soutenir, & à donner du corps à la roüe. Vous la fermerez avec une bande de carton collée dessus, & vous l'enduirez de suif, pour empêcher l'eau d'y pénétrer.

Si vous voulez rendre la direction de cette machine en ligne droite plus régulière & plus certaine, vous n'aurez qu'à tailler le rond de carton du côté extérieur de chaque roüe plus grand que l'opposé, en sorte qu'il déborde la bande de quelques pouces ; cette partie, qui entrera dans l'eau, empêchera la machine de se détourner par la résistance qu'elle fera pour toute autre direction que la droite.

SECONDE ESPECE.

Soleil tournant & courant autour d'un centre, dont il paroît détaché.

LE centre de cette machine est un Baril de trompe préparé pour l'eau ; vous attacherez sur le bord de son extrémité supérieure un Cube de bois percé d'un trou ; vous placerez & fixerez dans ce trou le bout d'une barre de sapin : vous attacherez ensuite sur cette barre, à un pied

de

de diſtance ou environ de ſon extrémité oppoſée, une Fuſée volante non garnie, qui la croiſe ; après quoi vous placerez une roüe de carton faite comme celle de l'Eſpéce précédente ſur la barre, qui doit être arrondie dans cette partie, afin que la roüe ſoit mobile deſſus ; puis ſur l'extrémité de la barre qui doit être réduite à ſept lignes de diametre dans la longueur de trois à quatre pouces, vous placerez un Soleil tournant, qui ſera auſſi mobile deſſus.

La roüe & le Soleil ſeront retenues par des clavettes, ſur la partie de la barre où ils doivent tourner ; cette roüe ſert à ſoutenir au-deſſus de l'eau le Soleil & la Fuſée, pendant qu'ils tournent autour du centre.

Vous placerez une Etoupille ſur la gorge de la Fuſée, qui communiquera au Soleil tournant, pour qu'ils prennent feu en même tems ; la Fuſée, un peu avant de finir, donnera feu au Baril par une Etoupille de communication, qui ſera couchée dans une rainure faite ſur la barre, & couverte de papier collé.

La Fuſée étant le mobile qui fait tourner cette machine, vous la proportionnerez à la groſſeur des piéces qui la compoſent, & à la longueur de la barre ; ſon effet ſera de décrire un cercle de feu autour du Baril ; le Soleil qu'elle emporte, décrira auſſi le ſien, pendant qu'il tournera ſur lui-même.

CIN-

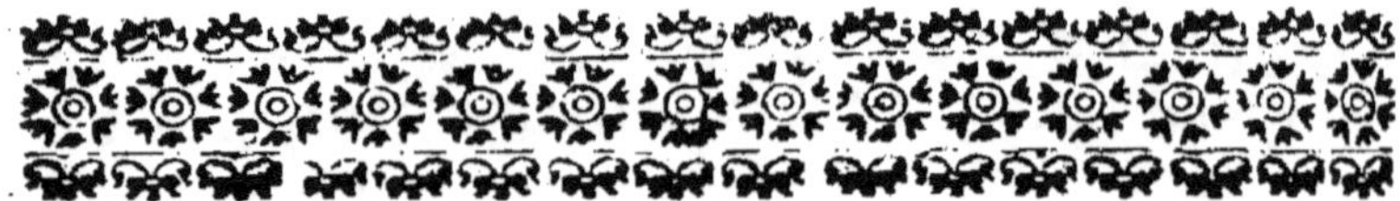

CINQUIÉME PARTIE.

Des Feux d'Artifice pour la Guerre.

Cette cinquiéme Partie comprend les différentes Espéces des feux dont on peut incommoder l'ennemi, & les machines qui servent à les lancer.

CHAPITRE PREMIER.

DES GLOBES D'ARTIFICE QUI SERVENT A' PORTER LE FEU CHEZ L'ENNEMI.

PREMIÉRE ESPÉCE.

Faites fondre dans un vaisseau de terre trois livres de Soufre sur un feu modéré ; jettez dedans deux livres de Salpêtre en poudre ; remuez ces matiéres, jusqu'à-ce qu'elles soient incorporées; ajoûtez-y trois quarterons de Colophane

ne auffi en poudre , & l'incorporez de
même.

Otez la terrine de deffus le feu , &
verfez dedans une demi livre de Pouffier ,
& trois quarterons de Poudre grainée ;
remuez bien le tout , jufqu'à-ce qu'il vous
paroiffe exactement mélangé. Verfez
alors cette compofition fur un marbre ;
formez-en des balles groffes comme des
noix , & les percez pour les enfiler avec
une Etoupille ; ou bien roulez-les fur du
Pouffier pour leur fervir d'amorce. Ayez
un Globe de bois , fait comme la planche
12. fig. 2. le repréfente ; placez une Fufée
de bois , dans le trou qui en traverfe le
fond ; rempliffez-le des balles ci-deffus ,
répandez du Relien dans les interftices ,
autant qu'il en faut pour faire crever le
Globe, & donner feu aux balles, (la Poudre , trop violente , ne les allumeroit pas
fi bien) puis clouez le couvercle deffus ,
& l'ayant placé dans le mortier fur la Poudre fans bourre , donnez-y feu ; le feu
de la Poudre fe communique à la Fufée ,
qui doit être courte ou prompte , pour
le communiquer au Globe , lors qu'il eft
encore en l'air , & avant qu'il ait touché
l'endroit que l'on veut embrafer. Si ce
font des maifons couvertes de paille , ou
de bois , elles feront immanquablement
confumées par cet artifice , que l'eau n'é-
teint point ; on le nomme pluye de feu.

N 5   SE-

SECONDE ESPECE.

A l'usage de la mer.

PRenez du Salpêtre trois livres , de la poix noire une livre , Colophane une livre , Soufre deux livres , Suif une livre. Faites fondre ces matiéres dans un vaisseau de terre, en commençant par le Soufre , mêlez - les jusqu'à - ce qu'elles soïent bien incorporées , & les ayant tirées de dessus le feu , ajoûtez - y deux livres de Poudre grainée , & remuez bien le tout. Trempez ensuite des étoupes de chanvre dedans , & les en imbibez bien ; Il faut vous frotter les mains d'huile , pour empêcher cette matiére de s'y attacher , & de même pour toutes les compositions dans lesquelles il entre de la résine ou de la poix.

Garnissez avec ces étoupes , auxquelles vous joindrez un brin de grosse Etoupille , l'entre - d'eux d'un boulet à deux têtes, en les tournant autour de la barre de fer, dont les bouts portent chacun une moitié de boulet ; ne les serrez point trop, & saupoudrez - les de poussier, en les tournant dessus , pour que le feu puisse s'y insinuer. Lorsque l'entre - deux en sera garni jusqu'à la hauteur des têtes , vous ferez dessus deux ou trois ligatures de fil de fer, ou de leton , pour y retenir l'artifice ; puis avec un pinceau, vous le couvrirez d'amorce très liquide , & le roule-

rez

réz enfuite fur du pouffier. Pour en faire ufage, il faut le placer dans le Canon fur la poudre fans bourre, ou, fi vous voulez mettre du fourage entre la poudre & le boulet, il faut en ce cas, y attacher une Etoupille qui forte hors du Canon, à laquelle vous donnerez premiérement feu, & enfuite au Canon. Vous envelopperez chacun de ces boulets dans une peau de mouton, que vous lierez deffus par les deux bouts, pour les garantir de l'humidité, & les conferver en bon état, pour vous en fervir au befoin.

Les Anglois nous ont appris depuis peu l'ufage, tant fur mer, que fur terre, d'un boulet rond brifé en quatre parties, chacune defquelles porte une branche de fer de 12. à 15. pouces de longueur, dont l'extrémité eft mobile autour d'un anneau, l'effet en eft très meurtrier ; comme il fe déploye en fortant du Canon, il occupe un grand efpace & fait beaucoup de défordre dans l'équipage & les manœuvres d'un navire.

Pl. 14. *Fig.* 1.

On peut garnir ce boulet d'artifice, au moyen de quatre petites verges de fer, qui feront mobiles fur l'anneau, dans les intervalles que laiffent les quatre barres qui portent les parties du boulet, fur chacune defquelles verges vous lierez avec du fil de fer les étoupes ci-deffus, autant qu'il en faut, pour que les quatre faffent un volume de la groffeur du boulet.

Pl. 14. *Fig.* 2.

Ces verges fe termineront en croiffant, pour retenir les étoupes ; vous les
couvri-

couvrirez d'amorce liquide, & leur donnerez feu avec une Etoupille par la bouche du Canon.

TROISIE'ME ESPE'CE.

Pour le même usage.

FAites fondre sur le feu trois parties de Salpêtre, deux parties de Soufre, une de Térébentine, une de Poix noire, & une de Poussier ; mêlez & incorporez bien le tout, prenez un petit boulet de fer, d'un moindre diametre que celui du Canon, trempez-le dans cette composition, puis le roulez sur de la Poudre grainée, de maniére qu'il en soit tout couvert; enveloppez-le ensuite dans de la toile de cotton, que vous lierez au-dessus ; retrempez-le dans la composition, roulez-le sur de la Poudre, & le couvrez d'une seconde toile, que vous lierez comme la premiére. Réïtérez quatre fois cette opération, ou plus, supposé qu'il n'ait pas acquis la grosseur qu'il doit avoir ; & finissez par le rouler sur la Poudre ; coupez ce qui excéde la ligature, & le placez dans le Canon, sur la Poudre qui y donnera feu. Tirez-le sur quelque chose de combustible, soit navire, soit maison couverte de bois ou de paille ; l'enveloppe du boulet qui s'y arrêtera, y mettra
le

le feu, & le boulet paſſant outre, fera ſon effet ordinaire.

QUATRIEME ESPECE.

Pour le même uſage.

FAites fondre des boulets, dont la ſurface ſoit cannelée, & percée à jour, de deux trous qui ſe croiſent comme la Fig. 5. Pl. 14. le repréſente ; rempliſſez les trous & la cannelure d'étoupe trempée dans la compoſition, de l'eſpece ci - deſſus, ou dans celle dont on garnit les boulets ramés ; roulez - le ſur du Pouſſier, & le placez dans le Canon ſur la Poudre. Le boulet de la précédente eſpece n'embraſe que la première choſe qu'il touche ; mais celui - ci, qui emporte ſon feu, aura l'effet du boulet rouge, dont il n'eſt guéres poſſible de faire uſage ſur mer.

CINQUIEME ESPECE.

AYez de groſſe toile bien forte ; coupez-en un morçeau qui ait de largeur trois fois le diametre de l'intérieur du Mortier, & deux fois de hauteur ; l'ayant plié par la moitié, couſez - le dans ſa longueur, à couture plate & double, pour

Pl. 12. Fig. 3. & 4.

en

en former un sac que vous fermerez enbas par une ligature , puis vous le retourne-
rez , pour que la couture se trouve en dedans ; emplissez - le ensuite de la composition suivante , en Poudre bien foulée.
A mesure que vous en remplissez le sac,
placez dedans des Petards chargés à balles.
Ces Petards sont des canons de vieux Fu-
sils & Pistolets, que l'on coupe après à
huit à neuf pouces au - dessus de la culas-
se ; le bout de chaque Petard doit sortir d'environ deux lignes hors du sac, auquel on fait des trous à cet effet. On
peut , en place des Petards , mettre quelques Grenades dans le sac; l'un & l'autre
serviront à écarter ceux qui voudroient
s'approcher pour en empêcher l'effet.

Votre sac étant rempli , enfoncez dedans un tuyau de bois rempli de la composition des lances , qui servira de Fusée
pour lui donner feu ; puis fermez & liez
bien l'ouverture du sac sur ce tuyau.

Placez sur le haut du sac un anneau de
fer , un peu plus large que le tuyau qui doit
passer dedans , & un autre dessous le sac,
passez une corde dans ces anneaux , &
formez avec , une espéce de rézeau autour du sac, qui sert à le soutenir , & à
l'empêcher de crever , soit en partant, soit
dans sa chute ; passez - y aussi quelques
fils de fer , qui puissent lui conserver sa
forme, & empêcher que la matiére ne se
répande , lorsque la corde viendra à brûler.
La Fusée étant étoupillée & amorcée,
couvrez tout votre Globe , à l'exception
des

des Etoupilles & amorces de roche à feu, & le placez dans le Mortier, la Fusée du côté de la bouche, à laquelle vous donnerez premiérement feu.

Composition séche pour le Globe ci-dessus.

	Livres.		
Poussier.	6.	0.	0.
Salpêtre.	4.	0.	0.
Soufre.	2.	0.	0.
Résine	1.	0.	0.

Autre composition moins vive & plus claire.

	Livres.		
Salpêtre.	7.	0.	0.
Soufre.	4.	0.	0.
Poussier.	3.	0.	0.
Résine.	1.	0.	0.

Composition en pâte pour remplir le même Globe.

Formez une pâte avec les matiéres ci-après, détrempées dans de l'eau de vie.

	Livres.		
Salpêtre.	8.	0.	0.
Poussier.	4.	0.	0.
Soufre.	4.	0.	0.

Rem-

Remplissez - en votre Globe, en mêlant parmi quelques étoupes, pour donner plus de liaison à la matiére, qui,
étant féche, fera dure comme une pierre;
lorfque vous le jugerez fuffifament fec, vous
l'enduirez de roche à feu, ou de goudron. Vous pouvez auffi vous fervir d'eau
commune, pour détremper vos matiéres,
en obfervant de mettre le Globe fécher
dans le four, après qu'on en a retiré le
pain; fans cela il fécheroit difficilement,
& conferveroit toûjours dans le centre
quelque humidité.

Autre compofition en pâte.

	Livres.		
Salpêtre. . . .	7.	0.	0.
Pouffier. . . .	5.	0.	0.
Soufre. . . .	3.	0.	0.
Poudre grainée.	1.	0.	0.

Détrempez ces matiéres avec de l'huile de Lin, & rempliffez - en votre Globe;
vous pouvez encore le remplir avec des
étoupes trempées dans la compofition des
Tourteaux.

SIXIÉME ESPÉCE.

Appellée Carcaffe.

UNe Carcaffe eft un globe, ou balle à feu, de figure oblongue, en forme d'œuf, plus gros par un bout que par l'autre; elle eft compofée de deux cercles de fer, paffés en croix l'un fur l'autre, attachés fur une efpéce de baffin de fer, fait comme celui d'une balance. On la remplit de la compofition féche de la cinquiéme efpéce, bien foulée, parmi laquelle on met quelques Grenades & Petards; on la couvre enfuite de toile gaudronnée, poudrée d'un peu de pouffier, & traverfée de quelques Etoupilles; l'ayant pofée fur la poudre dans le Mortier, elle s'enflamme en fortant, & va porter l'incendie dans les lieux où elle tombe.

Pl. 14.
Fig. 4.

Les Anglois, à l'attaque de l'Orient le 7. Octobre 1746., ont jetté des Carcaffes d'une forme un peu différente. La Fig. 12. Pl. 4. en repréfente une. Elle eft formée de deux hémifphéres de fer fondu fort épais, qui font unis, & retenus dans un écartement de fix pouces par quatre bandes liées d'un cercle, le tout de fer; l'hémifphére fupérieur eft percé de cinq trous, auxquels on donne feu à la fois par des Etoupilles; on remplit cette Carcaffe comme celle ci-deffus, &

on

on la couvre de toile gaudronnée. L'u-
fage m'en paroit préférable à la premiére, en ce qu'étant beaucoup plus pefante, elle fracaffe & perce les toits des maifons. Celles dont j'ai vû l'effet, avoient
neuf pouces de diametre, un pied de hauteur, & pefoient vuides trente-cinq livres.

SEPTIEME ESPECE.

Sacs à feu.

FAites faire des tuyaux de bois de fapin,
de deux pouces & demi de diametre extérieur, d'un pouce & demi de diametre
intérieur, & de deux pieds de longueur;
rempliffez-les d'une compofition féche,
faite avec cinq livres de Pouffier, trois livres de Salpêtre & deux livres de Soufre,
que vous frapperez dedans avec un maillet, comme vous feriez une groffe lance.
Percez enfuite avec un Villebrequin, trois
trous à chaque tuyau, qui les traverfe à
fix pouces de diftance les uns des autres,
amorcez chacun de ces trous avec un bout
d'Etoupille & de la Poudre mouillée: fermez de même les deux bouts; joignez
fept de ces tuyaux enfemble, & les liez
en deux endroits avec de gros fil de fer;
renfermez ces fept tuyaux ainfi raffemblés
dans un fac de toile cirée, ou gaudronnée,

née, & y répandez une poignée de Pous-
fier.

On ne doit faire usage de ces sacs,
que pour les placer à la main , dans les
endroits que l'on veut incendier , leur feu
entretenu par le bois de sapin , dure long-
tems , & en rend l'effet plus certain.

CHAPITRE II.

DES FEUX QUI SERVENT A' ÉCLAIRER.

PREMIÉRE ESPECE.

Tourteaux de Rempars.

PRenez trois livres de Soufre , une livre de Résine , & une livre de Salpêtre ; pilez ces matiéres , & les ayant
passées au gros tamis , mettez-les fondre à petit feu dans une chaudiére de fer , &
les remuez continuellement avec un bâton,
crainte qu'elles ne s'attachent au fond , &
ne prennent feu , le tout étant bien fondu & incorporé , ôtez la chaudiére de
dessus le feu , mettez dedans des étoupes de vieux cordages , autant qu'il en
faut, pour qu'elles soïent suffisamment im-
bibées ; tirez-les ensuite sur une plan-

    che,

che, formez-en des Tourteaux, & les pétrissez avec une quantité suffisante de Poussier, pour que le Tourteau en soit entierement noirci tant en dedans qu'en dehors.

Autre maniére de faire les mêmes Tourteaux.

Lorsque la composition est fondue, vuidez-la dans une seconde chaudiére, hors de l'endroit où est le feu ; jettez dedans une livre de Poudre grainée sur la dose ci-dessus ; incorporez-la bien avec ; jettez-y ensuite vos étoupes, & en formez des Tourteaux. Ils rendront un feu fort clair. On les place dans des réchaux de Rempar, que l'on attache à l'exterieur du Parapet, pour éclairer dans les fossés, dans les passages, & autres endroits où il est utile d'éviter la confusion & les surprises.

On en forme aussi des Pelotes fort grosses, appellées balles à feu, couvertes d'un raiseau de cordes, au milieu desquelles on renferme une Grenade ; ou bien on les garnit de Petards, pour éviter, qu'on ne les éteigne, soit en jettant de la terre dessus, soit en les couvrant d'un baril ; on les jette avec le Mortier dans les travaux des ennemis, pour voir ce qui s'y passe. La Catapulte Pl. 15. peut aussi servir à cet usage.

Les mêmes balles, lors qu'elles ne con-

contiennent point des Grenades , flottent & brûlent fur l'eau.

Autre compofition pour les Tour-teaux.

Goudron , neuf livres.
Suif , quatre livres.
Réfine , trois livres.
Huile de Lin , deux livres.

Faites fondre le tout à petit feu , & mettez bouillir dedans l'efpace d'un de-mi quart d'heure les Tourteaux que vous aurez préparés , avec de vieilles cordes ou méche commune , bien battues , & affez fouples & lâches , pour que la matiére puiffe y pénétrer ; laiffez - les égouter , en les tirant de la chaudiére , & les faupou-drez enfuite avec la compofition des Lan-ces à feu qui s'y attachera , & leur fervi-ra d'amorce pour prendre feu.

SECONDE ESPECE.

MOulez en carton des lances à feu , de quinze à dix-huit lignes de diame-tre , & de la longueur du plus grand car-ton ; chargez-les avec la compofition fuivante :

Livres.

Livres. onces. gr.

Salpêtre. . . . . 1. 0. 0.
Soufre. . . . . . 0. 8. 0.
Pouffier. . . . . 0. 4. 0.
Réfine. . . . . . 0. 2. 0.

La Réfine les fera durer deux fois plus que les lances ordinaires. Vous les attacherez fur un bâton, pour les tenir à la main, & vous en fervir comme d'un flambeau pour vous éclairer dans l'obfcurité, & auffi pour mettre le feu au Canon, lorfque la méche n'eft point bonne, ou qu'elle vient à manquer.

TROISIEME ESPECE.

Flambeaux que le vent & la pluye ne peuvent éteindre.

PRenez de vieilles cordes, & les faites bouillir dans de l'eau de Salpêtre, puis faites-les bien fécher ; paffez-les enfuite dans une pâte faite avec parties égales de Pouffier & de Soufre détrempés avec de l'eau de vie, prenez enfuite trois parties de Cire, trois parties de Poix, une partie de Soufre, une demi partie de Camphre, & une demi partie de Térébenthine, trempez vos cordes dans ces matiéres mêlées & fondues, mettez-en quatre enfemble, au milieu defquelles vous ren-

renfermerez une compofition féche, d'une partie de Chaux vive, & de trois parties de Soufre. Lorſque ces flambeaux feront allumés, il n'y a ni vent ni pluye qui puiſſe les éteindre.

QUATRIEME ESPECE.

FOrmez avec de la toile un boyau, qui ait la longueur & la groſſeur, dont vous voulez que ſoit vôtre flambeau. Faites enſuite une pâte un peu dure, avec deux onces de Gomme Arabique, deux onces de Poix réſine, quatre onces de Soufre, ſix onces de Salpêtre, demi li-vre de Poudre, & demi once de Camphre, le tout humeſté d'huile de Lin; rempliſ-ſez-en le boyau, & la foulez bien de-dans; puis vous renfermerez dans la li-gature un bout de méche commune, trempée dans de la Roche à feu, qui ſer-vira à l'allumer.

CINQUIEME ESPECE.

Roche à feu.

LA Roche à feu eſt une compofition ſo-lide, qui ſe confume lentement, mais dont le feu, qui eſt lumineux & fort vif,

ne

ne s'éteint point dans l'eau. On s'en sert, en la faisant fondre , à couvrir les choses que l'on veut faire paroître en feu, ou que l'on veut enflammer , lors qu'elles sont combustibles. On l'employe dans bien des cas pour des feux de guerre, & même aussi pour ceux de spectacle. Voici la meilleure maniére de la préparer.

	Livr.	onc.	gr.
Soufre fondu lentement	1.	0.	0.
Salpêtre.	0.	4.	0.
Poussier. . . . . . ,	0.	4.	0.
Poudre grainée.	0.	3.	0.

Le Soufre étant fondu , jettez le Salpêtre dedans, & le remuez , jusqu'à-ce qu'il soit bien fondu & incorporé ; ôtez ensuite la matiére de dessus le feu ; & y versez le Poussier ; remuez bien le tout; & quand elle commencera à se refroidir, ajoûtez-y la Poudre grainée.

CHAPITRE III.

Ténébres Artificielles.

PRenez Brai sec , quatre livres ; Poix liquide ou Goudron, deux livres ; Colophane, six livres ; Soufre , huit livres ; Salpêtre , trente livres. Faites fondre toutes ces drogues sur des charbons ardents ; ajoûtez-y après huit livres de char-

charbon , six livres de scieure de Sapin , & deux livres de rapure ou scieure de corne de Bœuf; incorporez bien toutes ces matiéres , puis trempez dedans des étoupes, & formez - en des Pelottes grosses comme des œufs ; roulez - les sur le Poussier , & en remplissez des Globes , comme celui de la cinquiéme Espéce Chapitre premier , pour les jetter avec le Mortier. Ils répandront une grande fumée, qui nuira beaucoup à l'ennemi , & l'empêchera de vous observer.

CHAPITRE IV.

Des Pots, ou Cruches à feu.

REmplissez des Grenades de poudre ; & sans y mettre de Fusées, bouchezles seulement avec de l'amorce ; mettez autant que vous voudrez de ces Grenades dans une Cruche de terre ; Remplissez les interstices de poudre , & la bouchez avec une peau de mouton , bien liée autour du col , puis attachez une méche à chaque anse de la Cruche , de celle qu'on appelle méche commune : si elles n'ont point d'anses , vous pouvez coller la méche dessus avec du mastic. Ce vaisseau ainsi préparé , & les méches étant allumées , on le jette sur l'ennemi du haut des murailles ; il se casse en tombant , & la méche donne

Pl. 14.
Fig. 3.

ne

ne feu à la poudre & aux Grenades. On
pourroit en jetter fort loin , & jufques
dans les travaux des Ennemis , en fe fer-
vant de la Catapulte pl. 15. fig. 1. , & par
le même moyen , en jetter au deffaut de
Bombes , dans la place que l'on affiége;
ces Cruches étant lancées avec la même
machine , feroient un grand effet fur mer ,
lors qu'on eft prêt à venir à l'abordage.

CHAPITRE V.

DES ME'CHES.

PREMIE'RE ESPE'CE.

Appellée Méche commune.

LA Méche dont on fe fert pour mettre
le feu au Canon , & aux Mortiers,
eft une corde groffe comme le doigt,
faite d'étoupe de chanvre filée , peu tor-
fe & couverte de gros & large chanvre ,
avec lequel on la ferre bien.

Faites une lefcive de trois parties de
cendre de chêne , une partie de chaux vive , deux parties de fuc de fiente de cheval
bien coulée , & paffée par un drap de laine , & une partie de Salpêtre ; verfez cette lefcive fur les cordes difpofées dans
une

une chaudiére, & les faites bouïllir pendant deux jours, en y remettant toûjours
de cette lefcive, à mefure qu'elle dimi-
nue, après quoi retirez-les de la chaudiére, & les pendez fur des perches, pour
les faire fécher.

On connoit la bonne Méche, lors
qu'elle fait un charbon dur, qui fe termine en pointe, & qui réfifte, lors qu'on le
preffe contre quelque chofe ; un bout de
quatre à cinq pouces doit durer une
heure.

Cette Méche peut fervir à faire un ré-
veil matin affez jufte à l'ufage des ama-
teurs de la Pyrotechnie. Il eft repréfenté
Pl. 14. Fig. 8., A. eft un bout de Méche
commune, dont on fuppofe, que quatre pouces doivent durer une heure, B.
eft une ficelle attachée à quelque chofe
de folide, elle porte fur la Méche qu'elle
croife à une diftance méfurée du bout auquel on doit mettre le feu en fe couchant.

Je fuppofe que ce foit à onze heures,
& que l'on veuille être éveillé à quatre
heures du matin ; on donnera vingt
pouces à la Méche depuis l'endroit où la
ficelle la croife, à raifon de quatre pouces par heure ; le feu de la Méche y étant
parvenu, brûlera la ficelle, à laquelle eft
attaché un pacquet de clefs, ou quelque
autre chofe propre à faire du bruit, dont
la chutte dans un baffin de métal, réveille-
ra. C. eft une Etoupille, dont un bout
eft attaché à la Méche d'une bougie, que
l'on a trempée dans du Soufre fondu, &
l'autre

l'autre eſt retenu ſur la Méche commune par la ficelle qui la croiſe ; l'Etoupille ayant pris feu , le communiquera à la bougie qui s'allumera , & par ce moyen on ſera éclairé auſſi - tôt qu'éveillé ; la mé-me Etoupille peut encore allumer un fa-got dans la cheminée , en la conduiſant à un bout de lance placé deſſous.

Au lieu de clefs , on peut attacher la ficelle à la ſonnette D. , le reſſort qui la porte , étant tenu bandé par la ficelle , & venant à ſe détendre par ſa rupture , y cauſera de fortes & longues vibrations , pendant leſquelles la ſonnette ſe fera en-tendre , ceux qui voudront être réveillés avec plus d'éclat & de bruit , pourront con-duire une Etoupille à un petit canon de Piſtolet attaché ſur la table , qui tirera.

Il ne ſera pas mal de placer la Méche ſur une lame de fer blanc , pour empê-cher , que la table ne ſoit endommagée par le feu , & prévenir par là tout acci-dent.

DEUXIE'ME ESPE'CE.

Méches qui ne rendent ni fumée ni mauvaiſe odeur.

AYez du ſable , dont les fondeurs ſe ſer-vent pour faire leurs moules , bien tamiſé & bien net ; mettez - en dans un pot de terre non verniſſé , la hauteur d'un
pou-

pouce ; prenez de la Méche de l'efpéce
ci-deffus , & l'arrangez fur ce fable en
forme fpirale , de maniére qu'il y ait un
demi doigt d'intervalle entre chaque révolution de cordes , afin qu'elles ne fe
touchent pas ; verfez deffus du nouveau
fable , fur lequel vous remettrez encore
des cordes , en continuant ainfi de mettre
un lit de cordes , & un lit de fable , jufqu'à-ce que le pot foit rempli. Fermez-
le avec un couvercle de même matiére ,
& bouchez-en la jointure avec de la terre
à Potier , afin qu'il n'y entre point d'air ;
allumez du charbon autour , & lorfque
vous jugerez , que vos Méches feront brû-
lées , diminuez le feu par dégrés , & laiffez refroidir le pot avant de les tirer. A-
lors la Méche fera réduite en un charbon
flexible ; qui étant allumé par un bout ,
brûlera lentement , & fans s'éteindre.

    On peut cacher ces Méches dans tel
endroit que l'on veut, fans craindre qu'elles fe faffent découvrir par aucune odeur ,
ni fumée ; fi l'on veut les faire durer
plus long-tems , il faut les couvrir de
cendre de bois de Geniévre.

CHA-

CHAPITRE VI.
DES FEUX CACHE'S.

PREMIE'RE ESPE'CE.

*Qui doit faire son effet au bout d'un
tems limité.*

FOrmez sur un Globe de bois, tel
que la Fig. 2. Pl. 13. le représente, une
cannelure en forme spirale ; proportionnée à la grosseur de la Méche qui doit
être couchée dedans ; remplissez l'intérieur
de votre Globe de la composition suivante, dont vous ferez une pâte, en l'humectant d'eau de vie.

	Livres.	onces.	gr.
Poussier. . . .	3.	0.	0.
Salpêtre. . . .	1.	0.	0.
Soufre. . . .	1.	0.	0.
Colophane. . .	0.	8.	0.

Ayant enduit la cannelure de ce Globe avec de la terre grasse , détrempée
dans de l'eau gommée, pour le garantir
du feu , couchez dedans une Méche, de l'espéce qui ne rend ni fumée , ni odeur,
dont un bout entrera dans l'orifice du
Globe,

Globe, pour y porter le feu, & la retenez dans la cannelure avec de petits crampons de fil de fer. Ayant calculé la durée de votre Méche, par l'essay que vous
en aurez fait sur un pouce, qui aura, je
suppose, duré un quart d'heure, vous serez certain, que votre Globe fera son effet
dans tel tems, & embrasera l'endroit où
vous l'aurez caché.

Ces Globes peuvent être réduits en
aussi petits volumes que l'on veut, en
observant de se servir de Méche plus me-
nue, & d'augmenter la force de la composition, en réduisant à moitié, ou même
au quart, le Salpêtre, Soufre & Colophane, qui ralentissent l'effet de la poudre.
On peut transporter ces feux tout allumés, en les renfermant dans des boëtes
remplies de cendres de Geniévre ; pour
peu qu'ils ayent d'air par les jointures de
la boëte, ils ne s'éteignent point.

DEUXIE'ME ESPE'CE.

Baril d'Artifice, dont l'effet est à
commandement.

PErcez un trou au milieu d'un baril, &
un autre pareil du côté opposé, dé-
foncez-le par un des bouts, & le remplissez jusqu'à la hauteur des trous de
Grenades sans Fusées, mais amorcées comme

Pl. 13.
Fig. 4.

me celles dont on garnit les Cruches à feu ; remplissez les interstices de poudre grainée ; placez ensuite un tuyau de bois à travers du baril d'un trou à l'autre , percez ce tuyau de plusieurs petits trous ; & collez dedans avec de l'amorce des Etoupilles qui pendent dans sa cavité ; après quoi achevez de remplir votre baril de Grenades & de Poudre , & le foncez. L'ayant ainsi préparé , cachez - le dans quelqu'endroit, où vous savez, que l'ennemi doit passer ; enfilez une Méche commune dans le tuyau , dont un bout soit allumé , attachez - y une corde assez longue, pour aller jusqu'à l'endroit où vous devez vous tenir caché, laquelle en la tirant, fera passer la Méche allumée au travers du tuyau, qui donnera feu aux Etoupilles , & au baril.

On fait usage d'un baril , à - peu - près pareil, pour faire sauter & rompre les affuts des Canons , que l'on a encloués , afin d'empêcher , qu'on ne les transporte ; il ne doit contenir que de la poudre ; on le perce de deux trous opposés , par lesquels on le traverse d'une Méche commune, sans y mettre de tuyau , comme au précedent. L'ayant placé sous l'affut , on allume les deux bouts de la Méche , & l'on se retire. Si l'ennemi vient avant l'effet, & qu'il veuille l'arracher , le bout opposé ne manque pas , en passant dans le baril, d'y donner feu.

CHA-

CHAPITRE VII.

DES CERCLES, SPHE'RES, COU-RONNES, ET BARILS D'AR-TIFICE.

ON garnit des cercles de tonneaux avec des Etoupes trempées dans des compositions fonduës, telles que celle de la deuxiéme espéce du premier Chapitre, que l'on lie dessus avec du fil de fer. Lors qu'on en attache deux ou trois les uns dans les autres, on appelle Sphére cet assemblage, qui en a la forme. On remplit aussi des sacs longs & fort étroits, de la composition des Globes de la cinquiéme espéce, que l'on attache sur un cercle de fer, un en déhors, & l'autre en dedans, dans lesquels on fait des trous de distance en distance, pour y placer des Petards & des pointes de fer, & d'autres plus petits pour des Etoupilles, qui communiquent le feu à plusieurs endroits à la fois.

Ces cercles ainsi garnis, se nomment Couronnes. On les couvre de roche à feu, & on s'en sert pour les jetter sur l'ennemi, lors qu'il monte à l'assaut.

On employe aussi, pour défendre une bréche, des tonneaux, ou grands barils, enfilés sur un Essieu de bois, porté par des roües, lesquels sont remplis de Grenades

P

& de

& de Poudre. On y donne feu par l'Essieu qui est creux, & rempli de composition; ou si l'Essieu est de fer, on le donne par la bande, dans laquelle on place
un tuyau de bois, chargé de composition
un peu lente, & on fait rouler la machine sur l'ennemi.

CHAPITRE VIII.

COMMENT ON PEUT TIRER PLUSIEURS COUPS DE SUITE AVEC UN FUSIL ORDINAIRE.

FAites faire une baguette à plein calibre,
au Fusil dont vous voulez vous servir,
qui ait à l'un des bouts une pointe de
fer de cinq lignes de longueur sur une ligne d'épaisseur dans sa baze ; chargez - le
de Poudre , & le bourrez comme à l'ordinaire avec du papier; percez la bourre
avec la pointe ; puis ayant mis une pincée
de poussier dessus, frapez contre le canon,
pour la faire tomber dans le trou , mettez ensuite une balle qui ne remplisse
pas entiérement le calibre , afin de laisser
une communication au feu. Versez dessus autant de composition qu'il en faut,
pour remplir la hauteur d'un demi diametre intérieur, étant bien foulée , & la
battez

battez de trente ou quarante coups de baguette. Cette opération faite, réïtérez-la autant de fois que la longueur du canon peut le permettre, en mettant successivement une charge de Poudre sur la composition refoulée, une bourre percée sur la poudre, une pincée de poussier, une balle, & un demi diametre de composition. Le canon ainsi rempli jusqu'aux trois quarts de sa longueur, placez dans ce quart vuide une petite baguette, sur laquelle vous aurez attaché une Étoupille, & la retenez dedans avec un léger bouchon de papier qui en laissera sortir un bout déhors, y ayant donné feu avec une méche, le Fusil tirera d'instant en instant, & vous aurez le tems d'en changer la visée à chaque coups, & de le diriger comme vous voudrez.

Lorsque j'en ai fait l'expérience, je craignois que la composition n'altérât le canon, & ne le fît crever; mais j'ai vû, qu'après une douzaine d'épreuves, elle n'y causoit aucune altération sensible. J'ai choisi la composition, dans laquelle il entre le moins de Soufre, qui est ce qui altére le plus les métaux. La voici:

	Livres.	onces.	gr.
Poussier.	1.	0.	0.
Aigremore. . .	0.	4.	0.

La suye ou crasse que cette composition pourroit laisser, est emportée par la poudre grainée & par la bourre; il n'en

paroit

paroît point après, que le fufil a tiré, & on peut recharger plufieurs fois fans le laver.

Si l'on faifoit ufage de cette maniére de charger, il faudroit premiérement fe fervir de canons de cuivre, qui réfiftent mieux que le fer au feu du Salpêtre & du Soufre, & en fecond lieu conduire une Etoupille dans un canal ou rainure, depuis le baffinet, jufqu'à un trou qui feroit percé à un pied du bout du canon, pour y donner feu avec la Platine, & fuprimer le trou de lumiére ordinaire.

On pourroit charger de même les machines que l'on appelle Orgues, qui font compofées de canons de Fufils, attachés enfemble fur une même ligne, & qui partent tous d'un même feu, dont on fe fert pour défendre les bréches ; L'effet en feroit d'autant plus terrible, qu'à chaque décharge, on auroit le tems de diriger la machine d'un autre côté.

CHAPITRE IX.

DES FUSE'ES DE BOMBES ET DE GRENADES.

CEs Fufées font faites de bois de Fresne, de Hêtre ou d'autre à-peu-près de même qualité, qui ne foit point trop dur, pour prêter lorfque la Fufée eft chaffée à force dans l'œil de la Bombe,

Bombe, & qui ait affez de confiftance, pour ne fe point rompre, lors qu'avec u-ne machine à cet ufage, on retire la Fu-fée de la Bombe, quand il s'agit de la décharger.

Compofition pour les Fufées de Bombes.

	Livres.	onces.	gr.
Pouffier. . . .	2.	8.	0.
Salpêtre. . . .	1.	8.	0.
Soufre. . . .	0.	8.	0.

Autre moins vive.

	Livres.	onces.	gr.
Pouffier, . . .	3.	8.	0.
Salpêtre. . . .	2.	0.	0.
Soufre. . . .	1.	0.	0.

Une Fufée chargée de cette derniére compofition, eft affez lente pour fournir à une Bombe jettée à douze cent toifes; fa durée eft d'environ cinquante fecondes, pendant laquelle on peut compter diftin-ctement cent comptes; fi on ne veut la jetter qu'à huit-cent toifes, il faut, après y avoir mis le feu, la laiffer brûler dans le Mortier pendant vingt comptes; & ainfi des autres portées plus ou moins grandes.

Les Fufées pour les Bombes de douze pouces de diametre, doivent avoir huit pouces de longueur, vingt lignes de diametre au gros bout, quatorze lignes

au

au petit, & cinq lignes de diametre intérieur; étant mises à volonté dans l'œil
de la Bombe, elles le doivent excéder
de trois pouces.

On se sert de trois baguettes de cuivre pour les charger, la premiére de la
longueur de la Fusée, la seconde des
deux tiers, & la troisiéme d'un tiers.
On les charge sur un billot de bois, ou
sur une table bien solide, dans laquelle
il y a des trous non percés à jour, dans lesquels on engage les petits bouts des Fusées, pour empêcher, qu'elles ne se fen-
dent en les chargeant ; on verse la composition dedans avec une petite cornée de
fer blanc, qui contient ce qu'il en faut,
pour la charger en douze fois, & à chaque fois on la frappe avec un maillet de
quatre pouces de longueur, & de trois
pouces de diametre, dont le manche ait
six pouces de longueur.

Les Fusées étant chargées, on les
couvre par les deux bouts avec une espéce
d'onguent, formé d'une livre de cire jaune, & d'un quarteron de suif, pour empêcher la composition d'en sortir, lorsque l'on veut s'en servir, on enléve la
cire du petit bout de la Fusée, que l'on
coupe en sifflet, pour faciliter la communication du feu à la poudre, qui pourroit
être interrompue sans cette précaution,
s'il arrivoit, que la Fusée portât sur le culot de la Bombe, qui quelque fois a plus
d'épaisseur qu'il ne devroit.

Les Bombes se chargent avec un en-
tonnoir,

tonnoir, dans lequel on verse la mesure de Poudre qu'elles doivent contenir; on place ensuite la Fusée, que l'on enfonce à la main aussi avant qu'elle peut aller, après quoi on engage la tête de la Fusée dans un Cilindre de bois creux, Planche 14. Fig. 7. qu'on nomme le Chassoir, sur lequel on frappe avec un maillet, jusqu'à ce que la Fusée n'excéde la Bombe que de six à huit lignes. Ce Chassoir creux empêche, que la tête de la Fusée ne soit endommagée par les coups de maillet, ce qui arriveroit, si l'on frappoit immédiatement dessus.

On observera, qu'avant de mettre la Fusée dans la Bombe, il faut passer dessus une grosse lime, appellée Rappe en bois, pour en ôter le poli, & en détacher quelques filaments qui servent à la retenir dans la Bombe; d'où, sans cette précaution, la violence du coup, lorsqu'elle est jettée, pourroit la faire sortir, si elle étoit lisse & unie.

La quantité de Poudre que doit contenir chaque espéce de Bombe, n'est point fixe, on doit la proportionner à l'effet plus ou moins violent, que l'on veut qu'elle fasse; étant beaucoup chargée, elle ne se rompra qu'en trois ou quatre éclats, qu'elle portera très loin, comme à trois ou quatre cent toises; & lorsqu'elle ne le sera que de la quantité suffisante pour la faire crever, ses éclats seront en plus grand nombre, & iront beaucoup moins loin.

Pour

Pour le plus grand effet, on met trois livres de Poudre dans les Bombes de six pouces.

Quatre livres dans celles de huit pouces.

Et douze livres dans celles de douze pouces.

Ces proportions rempliſſent preſque chaque eſpéce de Bombes, il n'y reſte guéres que la place de la Fuſée. On les charge ainſi, lors qu'il s'agit de démonter les Batteries, d'incendier ou de détruire des Edifices ; & pour incendier plus ſûrement, on met dedans des morçeaux de tourteaux que la Poudre allume & repand dans des différents endroits du Magaſin que l'on veut brûler.

La moindre charge des Bombes pour les faire crever en beaucoup de petits éclats, dont on fait uſage pour les jetter ſur une multitude, eſt, pour celles de ſix pouces, une livre de Poudre, pour celles de huit pouces, une livre & demi, & pour celles de douze pouces, trois livres.

Les Fuſées de Grenades ſe chargent de la même maniére que celles des Bombes, avec la compoſition qui ſuit :

	Livres.	onces.	gr.
Pouſſier.	2.	8.	0.
Salpêtre.	1.	8.	0.
Soufre.	1.	0.	0.

On remplit les Grenades de poudre, n'y laiſſant de vuide que celui que doit
occuper

occuper la Fufée ; l'ayant frappée dans la
Grenade, on la trempe dans une compofition faite avec trois parties de Gau-
dron, & une de Réfine, fondues enfemble, de maniére que l'œil de la Grenade en foit couvert ; en prenant cette précaution, on les conferve très long-tems
bonnes.

CHAPITRE X.

DES GARGOUCES ET CARTOU-
CHES POUR LE CANON ET LE
FUSIL.

LEs Gargouces font des facs du calibre de la piéce, & de longueur à
contenir la charge de poudre qui y
convient.

On fe fert de papier, de toile, de parchemin, ou de ferge de laine ; ces deux derniéres efpéces font préférables, en ce qu'elles ne confervent point de feu, & que le papier ou la toile peuvent caufer des accidents, en laiffant des lambeaux allumés
dans l'ame de la piéce ; ce qui arrive quelque fois, lorfque le Canonier néglige de
bien écouvillonner.

Les Gargouces de toile & de laine,
font taillées en forme de fac, & coufues à
couture platte & double ; y ayant verfé
la mefure de poudre qu'elles doivent contenir, on les ferme par une ligature.

Quoi-

Quoique la toile charbonne, ainsi qu'il vient d'être dit, il est cependant fort rare, qu'elle laisse du feu dans la piéce, à moins qu'elle ne soit chambrée par accident, l'expérience ayant fait voir, que le haut du sac entraine toûjours le culot hors de la piéce, & jusqu'aux moindres lambeaux, qui se tiennent tous par quelques filaments.

Les Gargouces de papier se roulent d'un à deux tours sur un Cilindre de bois, du calibre du boulet ; on n'y employe qu'une feüille de papier très forte, & de grandeur proportionnée ; on la colle par le bord, & on la ferme ensuite par l'un des bouts, en la pliant sur la baze du Cilindre, on en colle les plis les uns sur les autres, & on les assure par un rond de papier collé dessus, on ferme l'autre bout, lors qu'elle est remplie, par une ligature.

On se sert ordinairement de Gargouces de papier, pour le service des Batteries dans les Siéges, & pour la défense des Places, parce que ces Gargouces coutent moins, & sont plûtôt faites ; comme on ne les remplit de poudre qu'au dépôt de la Batterie, elles ont assez de consistance, pour être portées jusques aux piéces, sans se déchirer ; d'ailleurs, comme on est obligé d'observer des distances entre les coups, pour ménager les piéces, qui sans cela seroient en peu de jours hors de service, on a tout le tems nécessaire pour écouvillonner, & prévenir les accidents du feu.

Cel-

Celles en parchemin sont aussi formées d'une seule feuille ; on la plie en deux, puis on applique dessus un modelle de carton, suivant lequel on la taille ; on trempe les bords de ce parchemin dans du vinaigre pour l'amollir, & le coudre plus facilement, on la retourne ensuite pour mettre la couture en dedans ; on la remplit, & on la ferme comme celle ci-dessus. Le parchemin est principalement d'usage dans la marine, on s'en sert peu à terre, parce que dans les cas qui éxigent un feu vif, & qui ne laisse pas assez de tems pour bien écouviller, on se sert de la Gargouce à boulet, ou de la cartouche faite en laine ou en toile, dont l'éxécution est encore plus prompte que de la simple Gargouce.

Les Gargouces pour les piéces fondues, selon la derniére ordonnance 1733. doivent être chargées comme il suit :

Celles du calibre de vingt-quatre, à huit livres & demi de Poudre ;

Celles de seize, à cinq livres & demi ;

Celles de douze, à quatre livres & demi ;

Celles de huit, à trois livres ;

Celles de quatre livres, & au-dessous, moitié de la pesanteur du boulet.

Ces charges sont les plus fortes dont on puisse se servir, l'expérience ayant fait voir, que ce qu'on y met de plus, se brûle en pure perte, & ne chasse pas le boulet plus loin ; il rompt & intercepte même l'effort de la poudre sur le boulet, comme

feroit

feroit une trop grosse bourre , & ce qui
s'allume de plus, que dans une charge ordinaire (car il y en a toûjours une partie
qui ne brûle point) n'agit que contre le
Canon qu'il met en risque de crever.

Des Gargouces à boulet.

On ne fait ordinairement usage de
Gargouces à boulet, que pour les piéces
de quatre ; elles sont toûjours en toile,
ou en laine , pour être capables de soutenir le transport pendant toute une Campagne.   Ayant mis la poudre dans une
Gargouce , placez dessus le Cilindre de
bois Pl. 14. Fig. 6., qu'on nomme le Culot,
il a de hauteur les deux tiers de son diametre, qui est celui du boulet , il est creu-
sé d'un côté en bilboquet, pour recevoir le
boulet qui doit y entrer à-peu-près de la
moitié , & il a une rainure circulaire qui
partage sa hauteur en deux parties égales;
prenez ensuite un autre Cilindre Fig. 9. qui
a aussi une rainure circulaire dans le milieu de sa longueur , & qui est traversé
d'une vis; placez-le sur le Culot ; & l'a-
yant couvert avec la toile de la Gargouce,
préparez une corde , comme pour étrangler des Fusées, faites un tour ou deux sur
la Gargouce à l'endroit de la rainure du
Cilindre à vis , & la roidissez, pour qu'elle s'engage dedans; alors tenant votre corde tendue , vous tournerez la vis, qui,
portant sur le sabot , & ayant son point
d'appui dans la corde , comprimera la
poudre,

poudre, en pressant le sabot dessus ; cela
fait, vous ferez lier la Gargouce sur le sabot à l'endroit de la rainure, vous ôterez
ensuite la corde à étrangler de dessus le
cilindre à vis, que vous retirerez, & à la
place duquel vous mettrez le boulet, après
quoi vous fermerez la Gargouce par une
ligature. Cette compression sert à maintenir le tout solide, & à empêcher la
poudre de se gruger dans le transport ;
sans cela la poudre des Gargouces portées toute une Campagne, se réduiroit en
poussier ; & comme la toile ou la serge ne
sont pas assez serrées, pour empêcher la poudre de tamiser dans les voitures, on les
empâte, après qu'elles sont faites avec de
la brique pulverisée, & délayée dans de la
colle forte ; il faut que cette pâte soit assez
molle, pour imbiber & s'engager dans l'é-
toffe ; & qu'elle ne soit pas trop liquide,
crainte de donner de l'humidité à la poudre.

Comme on ne se sert de cette espéce
de Gargouce qu'en Bataille, & dans les
cas, où on a besoin d'un feu extraordinai-
rement vif, on se sert d'Etoupilles pour
amorcer, & de lances pour mettre le feu.
Lorsque la Gargouce est rendue au fond
de la piéce, le Canonnier la perce d'un
coup de d'égorgeoir, qu'il introduit dans
la lumiére ; il y place sur le champ l'E-
toupille renfermée dans un petit roseau
d'étang, dont il sera parlé ci-après ; cela
fait, on y donne feu avec la lance. Ce
service est si vif avec des piéces courtes,

ou Suédoises , que l'on tire jusqu'à dix coups par minute de chaque piéce , & environ six ou sept avec les piéces de quatre de la susdite ordonnance.

Le roseau, dont on se sert pour dondonner feu au Canon , doit être proportionné à la lumiére pour sa longueur & grosseur ; on ferme son bout d'enbas avec de l'amorce , on le remplit de poussier non foulé, ou de poudre grainée , & on le bouche par en haut avec trois ou quatre bouts d'Etoupille , d'un à deux pouces de long , ou bien on y renferme une Etoupille , que l'on y colle par les deux bouts avec de l'amorce , on en forme des pacquets, que l'on enveloppe dans un papier , pour les conserver & empêcher que les Etoupilles ne s'éventent ; on se sert aussi de petits tuyaux de fer blanc en forme d'entonnoirs , que l'on garnit de la même maniére.

Cartouches pour le Canon.

Elles sont composées d'une Gargouce , soit de toile, soit de serge ou de parchemin , dans laquelle est la charge de poudre , & par dessus, en place du boulet, on met une grappe de raisin , ou une boëte de fer blanc , remplie de balles , ou de mitraille , sur laquelle on lie la Cartouche, pour empêcher que la poudre ne se glisse entre la toile & la boëte ; la grappe de raisin porte un culot, sur lequel on fait la ligature.

Car-

Cartouches pour le Fusil.

Elles son faites de papier ; celui, dont on fait communément usage , a dix-huit pouces sur treize & demi , & doit être d'une médiocre épaisseur.

Divisez la feuille en douze parties égales , en la pliant en trois , puis chaque tiers en quatre , qui auront six pouces de longueur sur trois pouces quatre lignes & demi de largeur ; prenez un de ces papiers , & le collez sur deux de ses bords en longueur & en largeur , (on peut en coller plusieurs d'un coup de brosse , & les faisant déborder en équerre d'environ quatre lignes les uns au-dessus des autres) ayez une baguette à rouler du calibre des balles dont vous voulez vous servir , qui soit creusée en bilboquet par l'un de ses bouts ; placez la balle dans cette cavité , où elle doit entrer jusqu'à moitié , & en la soutenant avec le doigt , roulez le papier dessus , qui doit faire un tour & demi ; appuyez ensuite sur la balle l'extrémité du Cartouche , pour qu'elle se colle dessus ; Vous éviterez les plis , en ne la renfermant pas entièrement dedans , il suffit qu'elle y soit un peu plus de moitié.   A mesure que vous les formez , placez-les tous droits sur une planche , qui ait des rebords pour les empêcher de tomber ; & lors qu'elle en est remplie , faites-les porter sécher au Soleil , ou dans une chambre échauffée par un poële ; on les raporte ensuite dans un
en-

endroit particulier pour les charger ; ce que vous ferez, en verſant dans chacune une petite meſure, qui contienne la quarante-deuxiéme partie d'une livre de poudre, pour les Fuſils du calibre de dix-huit balles à la livre, & la trente-ſixiéme partie, pour les Fuſils de rempar du calibre de ſeize ; puis vous fermerez la Cartouche, en tortillant un tour ſeulement le papier qui excéde la poudre, & le repliant deſſus ; la partie repliée doit être aſſez longue, pour venir au moins juſqu'à moitié de la Cartouche ; cet excédent ſert à donner priſe pour les retirer commodément de l'Étuy où on les place, appellé Porte-Cartouche.

A' meſure qu'un ouvrier ferme les Cartouches, un autre en forme des paquets de dix, ou de quinze, qu'il enveloppe d'une demi feuille de papier, & les lie par le milieu de deux tours de ficelles ; il écrit deſſus chaque paquet le calibre des balles, & les met en barils ; Il faut obſerver, en formant les pacquets, de mettre les Cartouches moitié la balle en haut & moitié en bas, autrement, comme ils ſeroient plus gros & plus peſants par un bout que par l'autre, la ligature riſqueroit de gliſſer dans le tranſport.

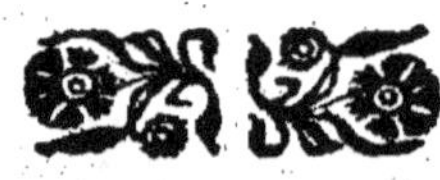

CHA-

CHAPITRE XI.

ET DERNIER.

CATAPULTE PROPRE A' JETTER DES POTS ET CRUCHES A' FEU, ET AUTRES ESPÉCES D'ARTIFICE.

CEtte machine représentée Pl. 15. Fig. 1. est tirée des Commentaires sur Polibe par Mr. le Chevalier Follard, qui la donne pour être la Catapulte des Anciens. Sans examiner, si c'est la même, dont on nous raconte des effets si surprenants, je l'ai trouvée fort propre à jetter la Cruche à feu, qui est une des meilleures espéces d'Artifice, & des plus sûres pour incommoder l'ennemi, mais dont on ne fait guéres usage, ne pouvant être jettée avec le Mortier, à cause de sa fragilité. J'ai seulement ajoûté à cette machine, deux piéces de bois, dont le ressort en augmente considérablement la force. Elle pourra de plus servir à jetter toute autre sorte d'Artifice, comme Globes, Ballons &c. Voici l'explication des parties qui la composent.

Elle est formée de deux montants de bois A. B. joints ensemble par la traverse C., qui sont engagés & retenus solidement dans la baze ou table de bois D.

Q   La

La cuillére, E. dans laquelle se place le corps que l'on veut lancer, est engagée entre des cordes tortillées, & bandées, par le moyen de la roüe dentée F., & de son pignon. Deux bâtons de Fresne, ou autre bois flexible I. I. placés de chaque côté des montans A. B., & retenus contre par les ferrures K., en joignant leur ressort à celui des cordes, rendront la machine capable de lancer un plus grand poids, & à une plus grande distance, par l'effort qu'ils feront pour se relever, lorsque l'abaissement de la cuillére les courbera, en appuyant sur la corde L. attachée de l'un à l'autre à leur extrémité.

Le Treuil G. sert à abaisser la cuillére sous la partie O. de la détente H.

Le coussinet M. de cuir bien rembouré, placé sur le devant de la traverse C. reçoit, & amortit le coup de la cuillére, qui pourroit se rompre sans cette précaution.

La Fig. 3. représente en grand la détente H., qui part en appuyant un peu sur l'extrémité de la partie N. On observera, qu'avant de la lâcher, il faut décrocher la Poulie qui a servi à abaisser la cuillére.

Les Fig. 2. 4. & 5. représentent la roüe dentée, avec la barre qui la traverse pour tenir & bander les cordes, le Pignon qui engraine dans la roüe, & la manivelle pour le tourner.

F I N.

FAUTES A' CORRIGER.

Préface , page 1re. ligne 13. l'affroi , *lisez* l'effroi.

Traité , page 7. ligne 33. d'étoffe entre , *lisez* d'étoffe entre deux.

Page 8. ligne 15. rapporrer, *lisez* rapporter.

Page 22. ligne 2. une tâche , *lisez* une tache.

Ibid. ligne 13. & façonnée au moulin , *lisez* & mal façonnée au moulin.

Page 29. ligne 22. elle est fait , *lisez* elle est faite.

Page 31. ligne 22. de poissier, *lisez* de poisser.

Page 62. ligne 19. parroissent , *lisez* paroissent.

Page 80. ligne 22. Fig. 7. Pl. 1. *lisez* Fig. 7. Pl. 4.

Page 82. ligne 15. Roxation , *lisez* rotation.

Page 111. ligne 12. trempe , *lisez* trempé.

Page 114. ligne 20. chasses , des pots à feu , *lisez* chasses des pots à feu.

Page 120. ligne 21. legers , *lisez* leger.

Page 178. ligne 10. de six barres , *lisez* des six barres.

Page 194. ligne 10. Serpenteaux , brochetes , *lisez* Serpenteaux brochetés.

Page 237. ligne 30. d'un coup de d'égorgeoir , *lisez* d'un coup de dégorgeoir.

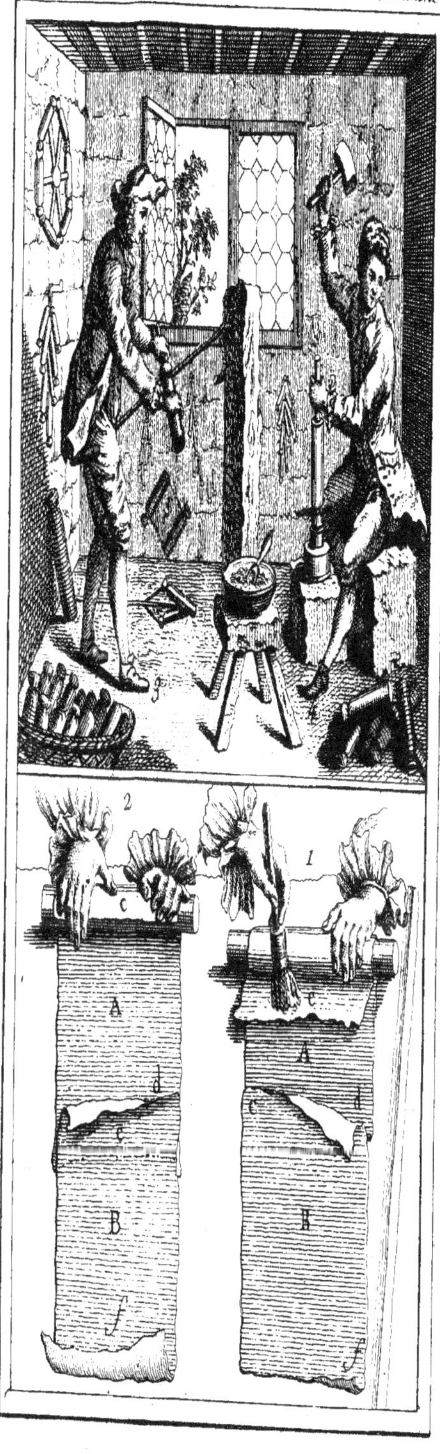

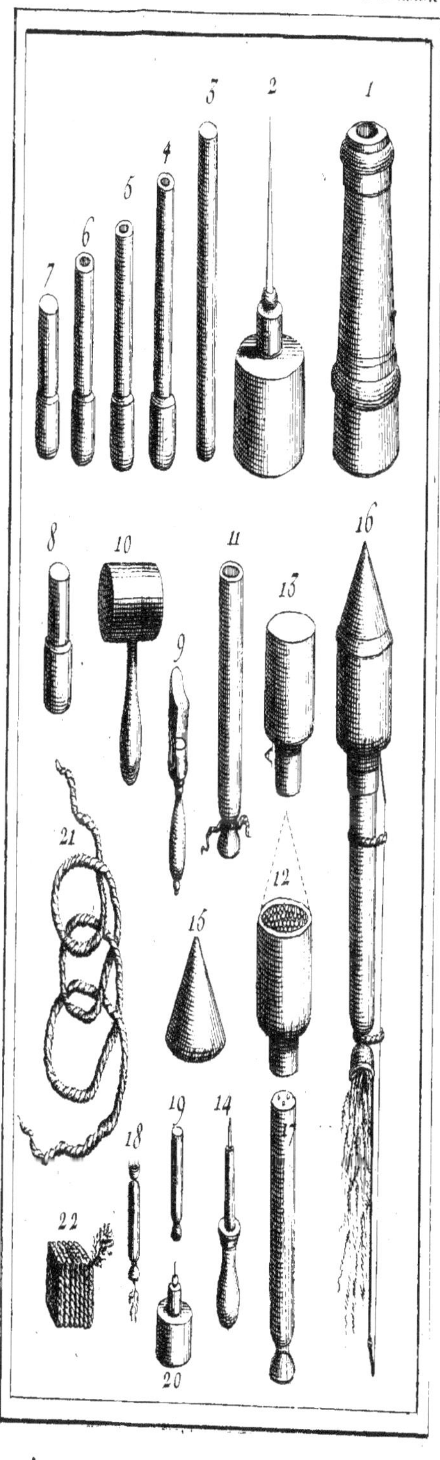

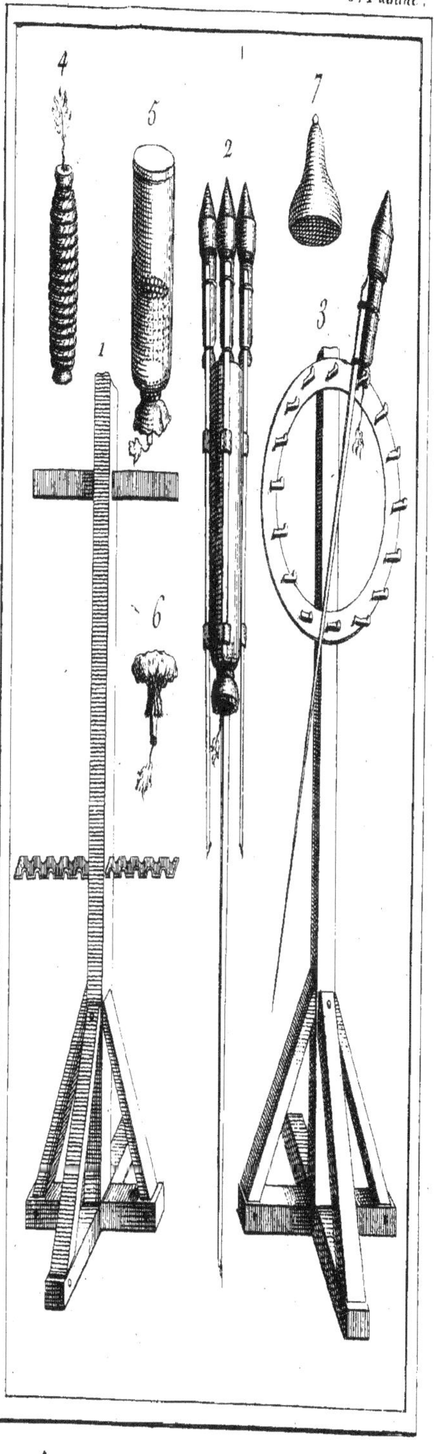

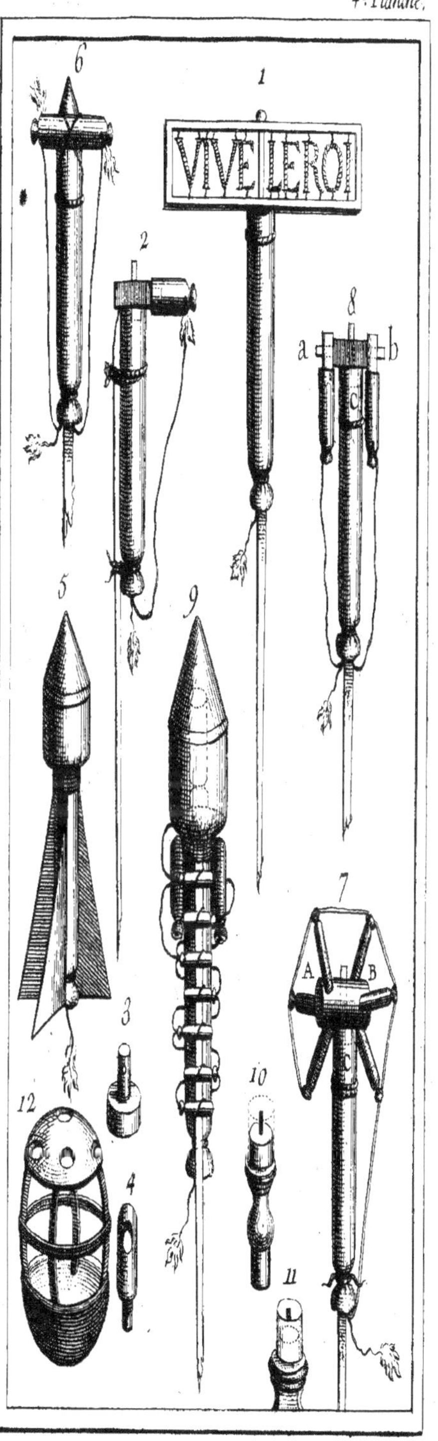
6
1
VIVE LE ROI
2
8
a b
c
5
9
3
12
10
7
A B
C
4
11

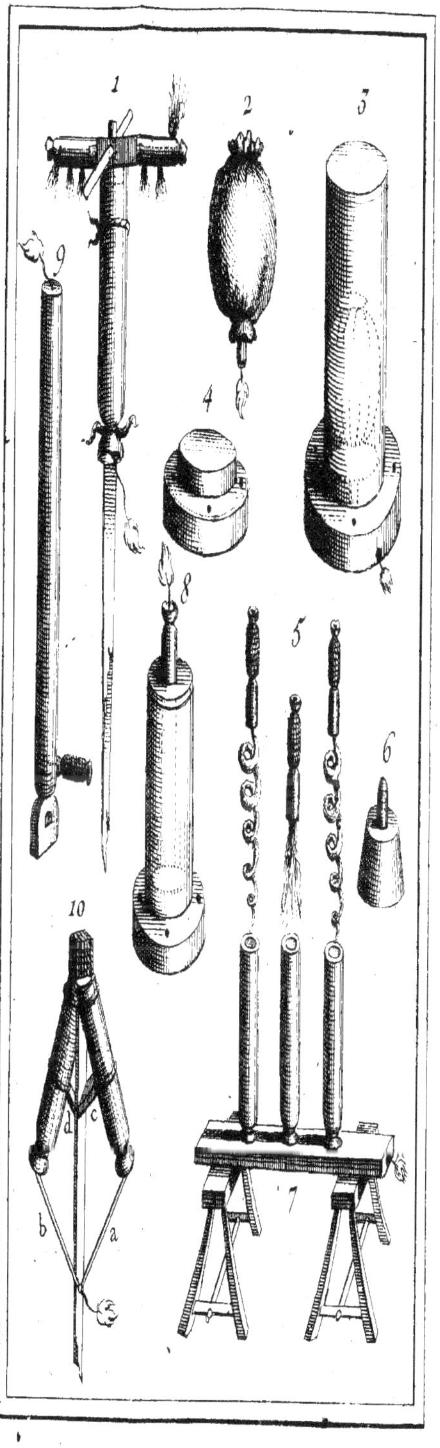

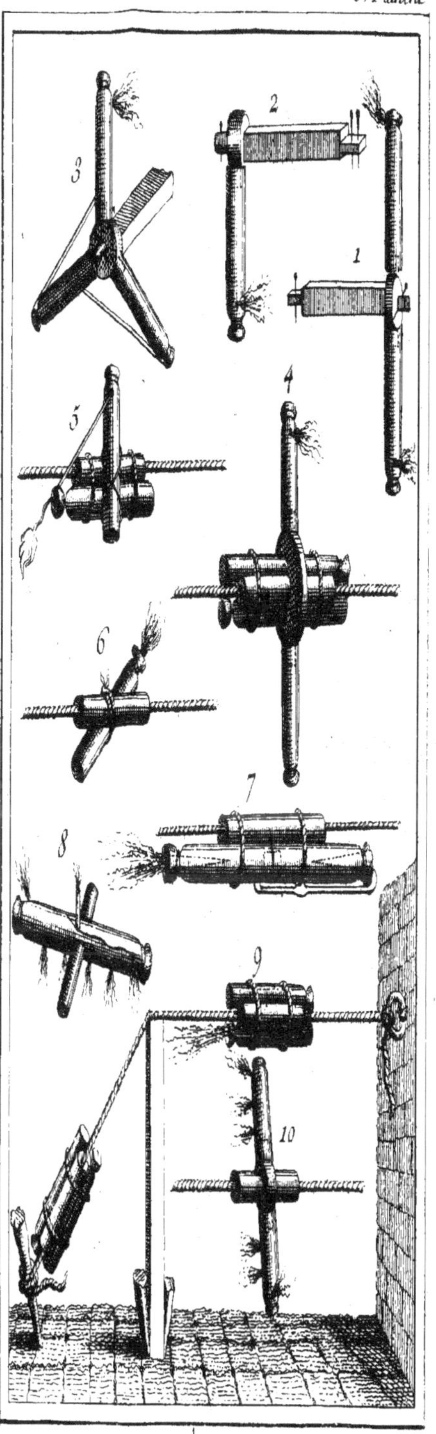

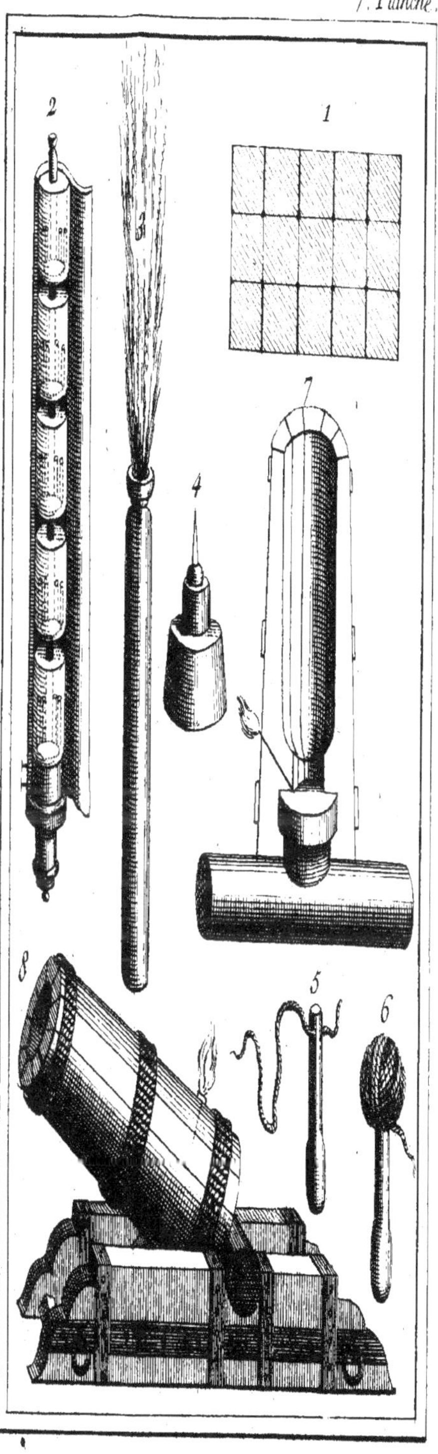

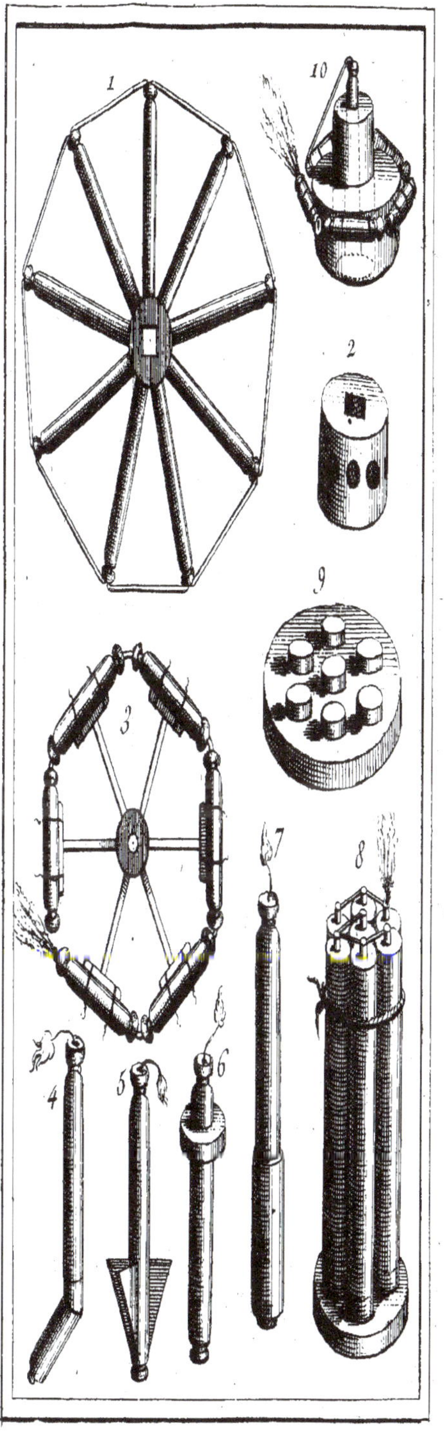

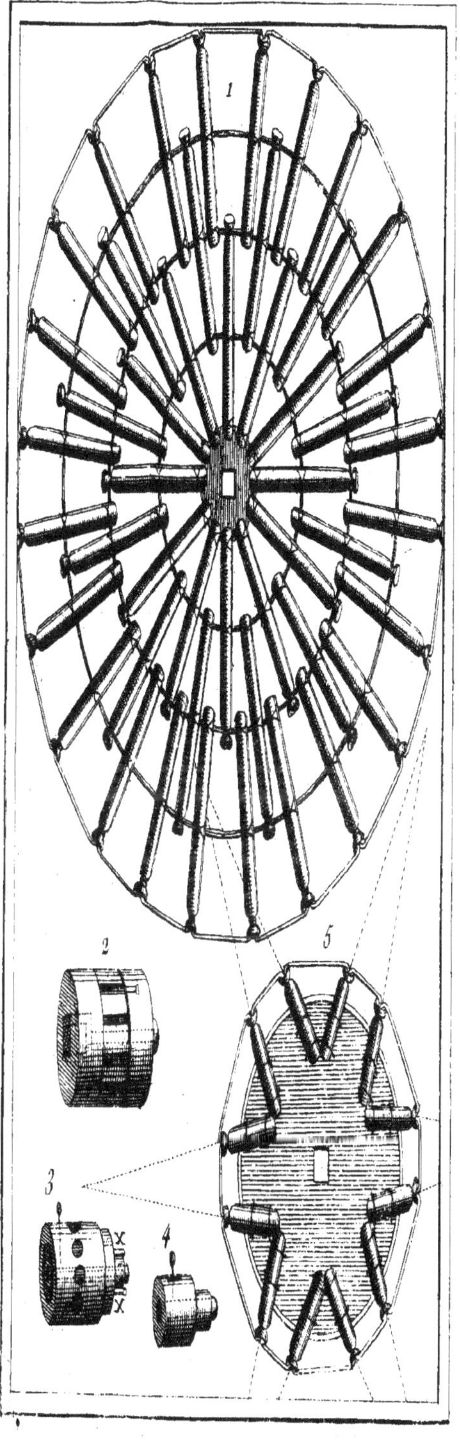

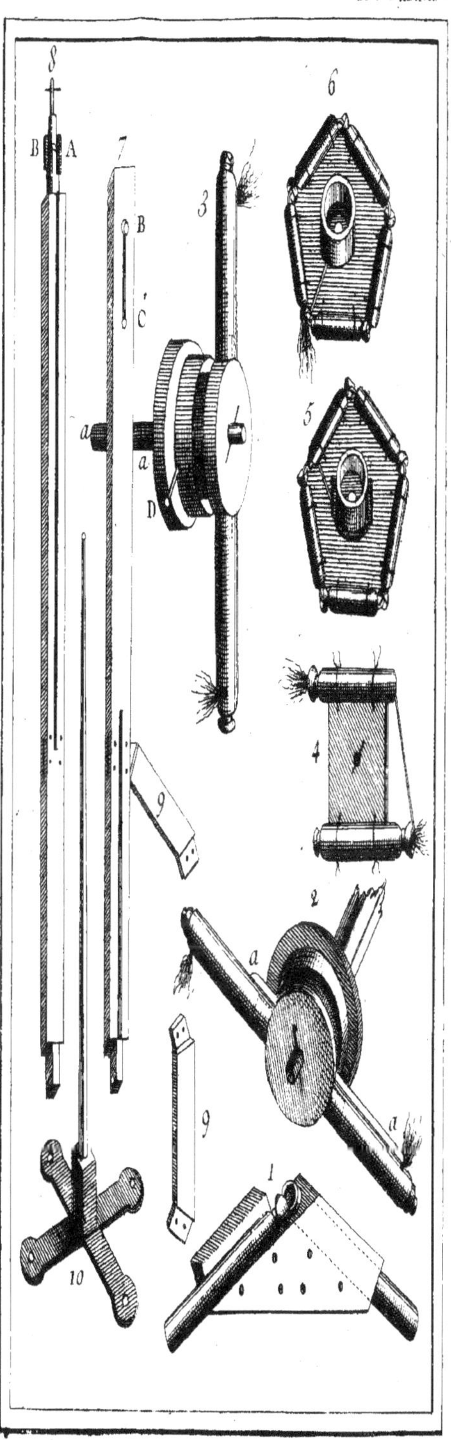

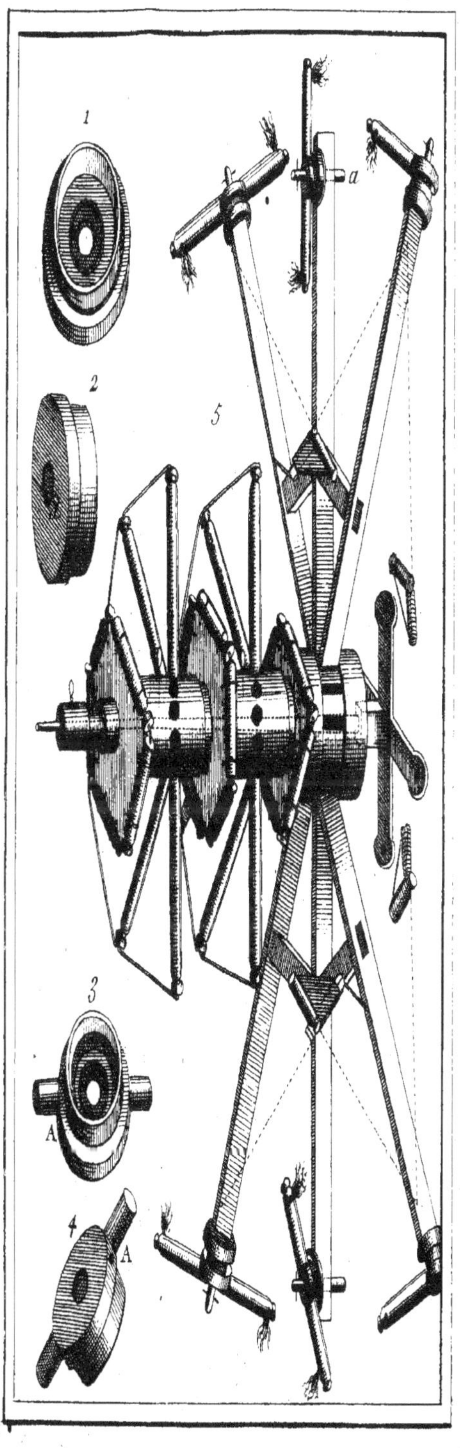
1
2
5
a
3
A
4
A

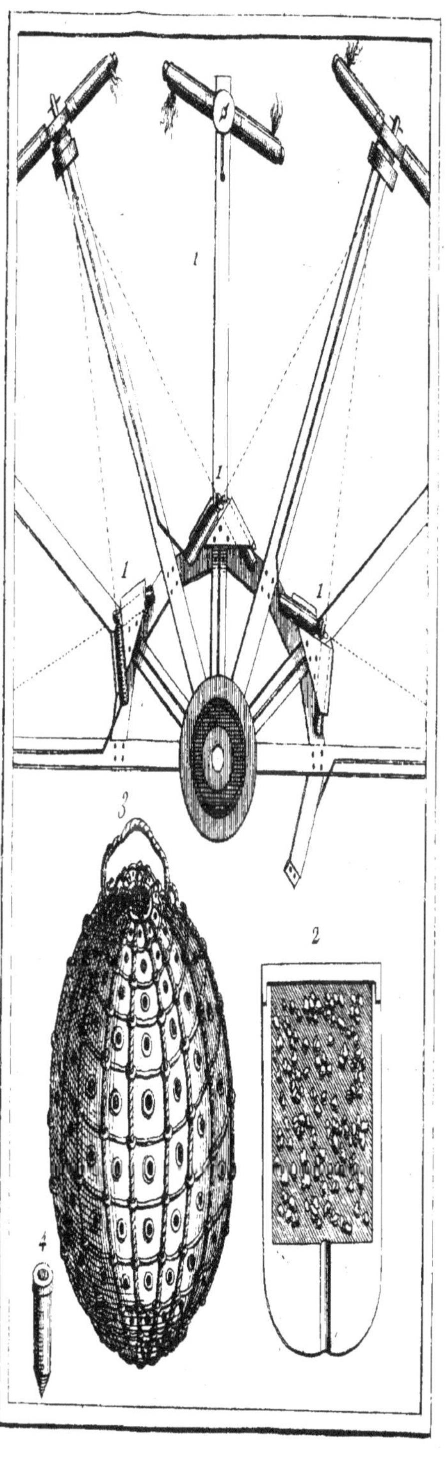

12.e Planche.
1
3
2
4

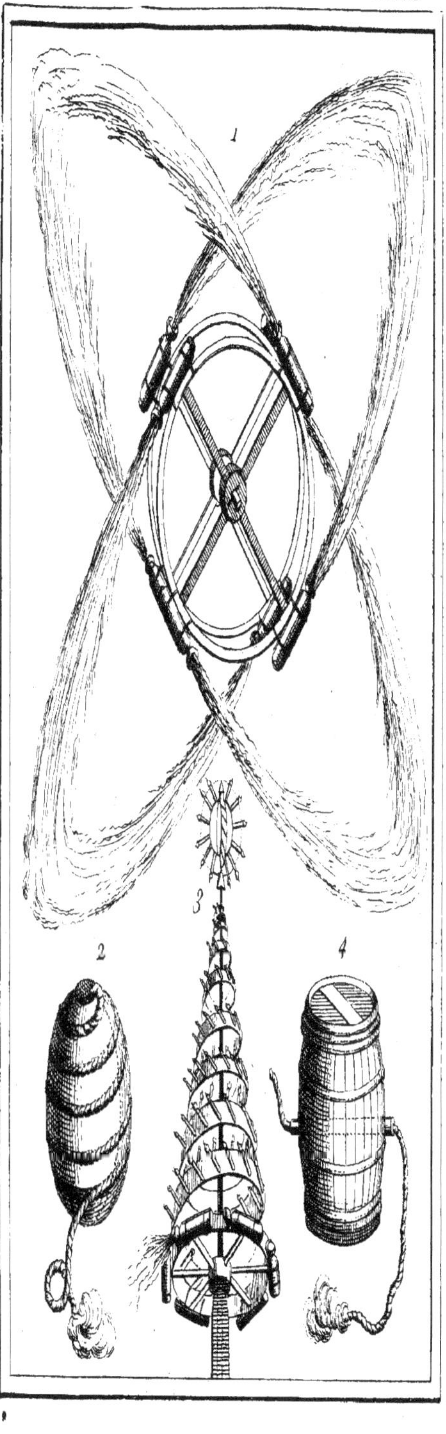

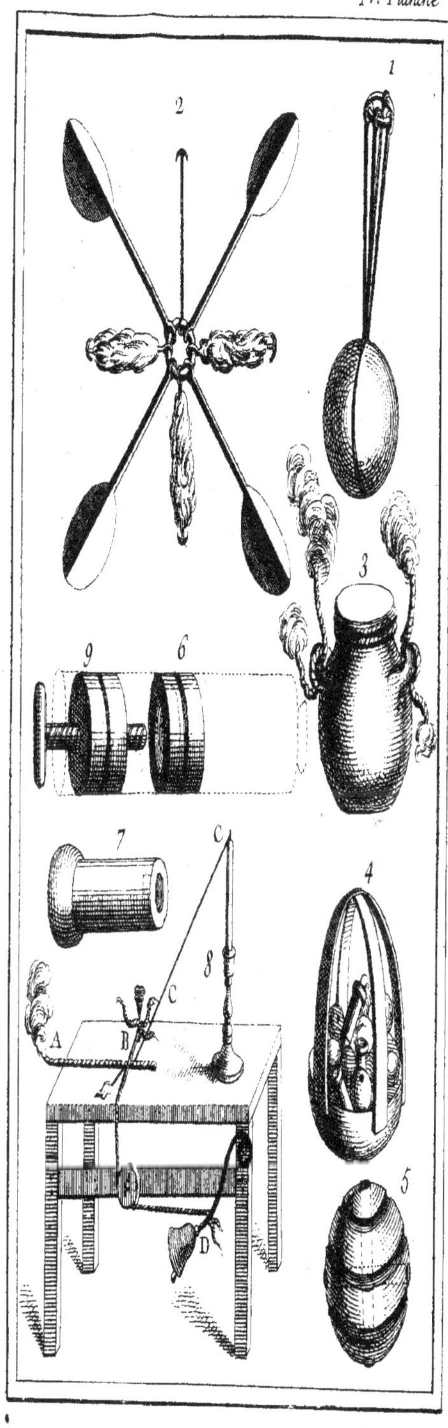
2
1
3
9 6
7
C
C
8
A
B
4
D
5

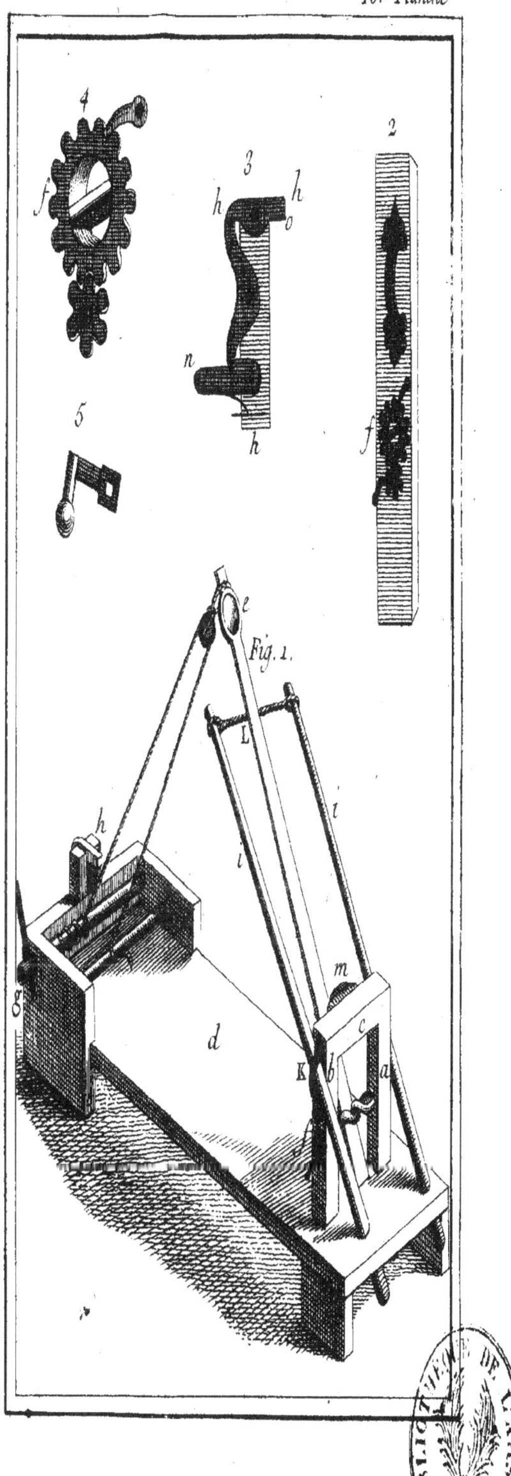

15.e Planche
4
3
2
5
Fig. 1.